signer & chanter
avec son bébé

Sophie d'Olce
Illustré par Junko Nakamura

signer & chanter avec son bébé

mes premières comptines signées

FIRST
ÉDITIONS

Note de l'éditeur :
Pour tous ceux qui n'ont pas de lecteur CD, nous avons mis des QR codes pour chacune des 12 comptines du livre, que vous pourrez retrouver au fil des pages. Il vous suffit de les scanner grâce à l'application Lisez.com (ou encore avec l'application QR code classique).

ISBN : 978-2-412-05597-7
Dépôt légal : avril 2020
Imprimé en France par Normandie Roto Impression s.a.s. (2000224)

Livre
Illustrations couverture et intérieur : Junko Nakamura
Photographies : Catherine Delahaye
Création graphique : Sophie Coupard
Maquette intérieure : Transparence
Correction : Anne-Lise Martin et Natacha Kotchetkova

CD
Direction artistique et arrangements : Annabel de Courson
Chant, chœurs et arrangements vocaux : Charlotte Pinardel
Violoncelle : Isabelle Vuarnesson
Guitare et chœurs : Raphaël Cornet
Percussions, bandonéon et voix : Annabel de Courson
Enregistré, mixé et masterisé par Tito De Pinho au studio Sub-Til
Galette du CD : illustration de Junko Nakamura et maquette de Sophie Coupard

Éditions First, un département d'Édi8
92, avenue de France
75013 Paris – France
Tél. : 01 44 16 09 00
Fax : 01 44 16 09 01
email : firstinfo@efirst.com
Site internet : www.editionsfirst.fr

sommaire

Pourquoi signer avec son bébé ?

De la bienveillance

Communiquer par signes avec son bébé s'inscrit dans un cadre de bienveillance, d'écoute et de disponibilité. Être présent et attentif à son tout-petit permettra de mieux détecter, comprendre ses besoins et donc d'y apporter une réponse adéquate. Cette joyeuse aventure des signes renforce la complicité parent-enfant et promet de délicieux instants d'émerveillement, d'attendrissement et de rires !

La communication gestuelle

Tous les parents accompagnent spontanément, instinctivement leurs propos ou comptines de gestes, et les tout-petits sont fascinés, captivés.

En empruntant de petits signes à la Langue des signes française (LSF) – vraie langue utilisée par les sourds pour communiquer –, nous développons et enrichissons tout simplement cette gestuelle naturelle.

Avec la communication gestuelle, le mot est toujours associé au geste : signer uniquement le mot-clé de la phrase pour le mettre en valeur. Par exemple : « Il commence à être tard ; veux-tu dormir ? » Seul le mot « dormir » sera signé.

Avant la parole, les mains !

Le larynx des tout-petits se forme très progressivement pour permettre l'articulation précise des mots. Une phase délicate commence alors : l'enfant entre dans la compréhension, mais n'est pas encore en capacité de parler. Sa motricité fine, quant à elle, se développe plus tôt, plus vite, et c'est alors que le tout-petit fait naturellement de petits gestes comme « coucou », « bravo », qu'il pointe du doigt les objets... Par jeu et mimétisme, avant même l'arrivée de la parole, le petit d'homme pourra donc s'exprimer très précisément en reproduisant des signes avec ses petites mains.

Les bienfaits

La communication gestuelle permet de mieux communiquer avec son bébé : ce dernier pourra exprimer plus tôt ses besoins, ses envies et ses émotions ; par conséquent, ses frustrations, pleurs et colères seront alors réduits.
Ce langage simple et ludique stimule le système d'apprentissage et accompagne l'émergence de la parole : c'est un tremplin pour l'acquisition du langage. D'ailleurs, dès que l'enfant parvient à prononcer le mot, le signe correspondant disparaît !
Cet outil ludique renforce le lien d'attachement parent-enfant. Et c'est aussi un moyen idéal pour les grands frères/sœurs de créer une relation privilégiée avec un tout-petit.

Quand et comment commencer à signer ?

À tout âge, on peut commencer à signer avec son enfant : dès sa naissance, à 3-6-12-24 mois... Il n'y a pas de règle ! Lancez-vous lorsque vous sentez que c'est le moment juste pour vous et votre enfant.
Pour commencer, accompagnez la parole de quelques signes adaptés aux besoins de son bébé – à son âge et à son stade de développement.
Choisissez deux ou trois signes maximum pour éviter la sur-stimulation du bébé et ne pas vous sentir dépassé par des tonnes de signes !

Sélectionnez des actions du quotidien (« changer la couche », « manger », « bain ») et accompagnez-les systématiquement d'un petit signe ; ce réflexe (geste + mot) se mettra alors en place tout naturellement.
Et pourquoi pas commencer avec les comptines signées qui permettent de découvrir les signes en s'amusant et en chantant ?

À quel âge mon bébé-t-il va signer ?

Comme pour la marche ou le quatre-pattes, chaque enfant a son propre rythme. Quand sa motricité fine sera suffisamment développée et qu'il fera, vers ses 8-10 mois, de petits gestes intentionnels comme « coucou », « bravo », l'enfant sera en capacité de faire ses premiers signes.
Il faudra alors décoder le babillage de ses petites mains. Au début, les signes seront imprécis ; tout comme pour le langage oral où l'enfant va bredouiller puis articuler les mots avec précision, ses gestes s'affineront avec la répétition et l'habileté acquise au fur et à mesure.
Il faut donc être patient et ne pas être dans l'attente d'un résultat immédiat. Bien sûr, plus vous commencerez tôt avec votre bébé, plus vite il signera !

L'entourage

Lorsque votre entourage verra votre petit s'exprimer clairement avec ses petites mains, il sera vite conquis.
Même si tout le monde ne signe pas autour de lui, l'enfant sait s'adapter : il passera aisément d'un mode de communication à un autre.

Règles d'or

1

Choisissez un moment où votre enfant est réceptif

2

Jouez le jeu en étant très expressif (mimiques)

3

Commencez avec 2 ou 3 signes maximum

4

Associez toujours un mot et un geste

5

Soyez patient : chaque enfant a son rythme

6

Amusez-vous !

1

Des comptines et des signes

Un patrimoine oral

Enfantines, comptines, ritournelles, rondes, formulettes, berceuses, chansonnettes… autant de mots qui désignent ce petit genre littéraire.

La comptine est composée de rituels, de codes et de répétitions : l'enfant aime lire et relire un même livre, écouter et réécouter un même récit, chanter encore et encore la même chanson… et son plaisir, son attente de la chute sont chaque fois plus grands, les rires de plus en plus forts et la jubilation plus intense !
L'enfant s'identifie, fait sienne la comptine et savoure le plaisir de jouer à l'infini avec la musique de la langue, la beauté des sonorités, les rythmes…

Les comptines cheminent de génération en génération, elles ne possèdent pas de forme définitive et les variantes abondent. De tout temps, les enfants charmés, amusés, intrigués, fascinés, s'approprient spontanément ces petites formes populaires.

Ces comptines font partie intégrante de l'imaginaire enfantin et c'est toujours avec émotion que les parents (re)découvrent les comptines de leur enfance.

Les comptines signées

Les comptines gestuelles sont un support riche et essentiel du monde de l'enfance. Elles suscitent l'amusement, le ravissement, la fascination et l'émotion : par la musique à laquelle les tout-petits sont naturellement sensibles et réceptifs – certains bébés dansent au son de la musique alors même qu'ils tiennent à peine assis ! – et par les gestes qui apportent une dimension visuelle et gestuelle au chant.

Chanter et signer avec son tout-petit l'apaise et le rassure, le stimule et le fascine. Cette association du geste à la parole ou au chant participe à l'éveil du petit d'homme en transmettant le plaisir des mots et des sons, en favorisant l'acquisition du langage, le développement de la motricité fine, la coordination, la créativité et l'imagination.

Tous les parents du monde ont naturellement accompagné leurs chansons de mouvements, de gestes pour amuser leurs petits ou donner du relief à l'histoire, aux personnages. Et les enfants reproduisent spontanément avec un immense plaisir et une grande fierté nos gestes, nos expressions… En leur proposant de petits signes empruntés à la Langue des signes française, nous élargissons tout simplement, en nous amusant, leur gestuelle naturelle.

Et surtout, les comptines invitent à jouer et rire ensemble ; c'est un moment d'écoute et de partage, un temps suspendu où l'on est pleinement présent à son enfant.
Par des jeux de regards et de complicité, une précieuse relation

se tisse entre le parent et son enfant ; le lien d'attachement se renforce. Et c'est là le principal !

Nombre de comptines ou berceuses traditionnelles comportent une mise en garde ou menace, comme « si tu ne t'endors pas, une sorcière va arriver / t'emporter » ou « si tu n'écoutes pas tes parents, tu vas te faire taper sur les doigts ». À l'inverse, les comptines de cet ouvrage ont été sélectionnées et créées pour s'inscrire dans une démarche de bienveillance avec son enfant.

Les comptines sont faites pour être modifiées, détournées, réinventées ! Qu'elles continuent à cheminer de famille en famille, avec la créativité de chacun, petits et grands !

Les comptines de ce livre s'inscrivent dans une démarche de communication gestuelle : les signes sont issus de la Langue des signes française et seuls les mots-clés sont traduits ou adaptés.

Il ne s'agit pas de comptines en Langue des signes qui impliqueraient une grammaire et une syntaxe spécifiques, l'objectif étant de partager un moment complice et ludique avec son bébé.

Certains signes ou gestes ont été choisis (et non traduits littéralement) pour faciliter l'enchaînement d'un signe à un autre, apporter une dimension poétique ou bien privilégier, de façon visuelle, une expression ou un sentiment.

Dans la forêt lointaine

Dans la forêt lointaine
On entend le coucou
Du haut de son grand chêne
Il répond au hibou
Coucou hibou ! Coucou hibou !
Coucou hibou ! Coucou !

PISTE 1

Dans la forêt lointaine

Dans la forêt lointaine

On entend le coucou

Du haut de son
grand chêne

Il répond au hibou

Coucou hibou ! Coucou hibou !
Coucou hibou ! Coucou !

Les Lapinous

C'est qui qui a des grandes oreilles
C'est qui qui est tout doux tout doux
C'est qui qui se cache dans les choux
C'est nous, c'est nous (bis)... les Lapinous !
C'est qui qui te fait des chatouilles
C'est qui qui monte sur tes mains
C'est qui qui chante à ton oreille
C'est nous, c'est nous (bis)... les Lapinous !
C'est qui qui se roule dans l'herbe
C'est qui qui bondit dans les bois
C'est qui qui court à perdre haleine
C'est nous, c'est nous (bis)... les Lapinous !
C'est qui qui tape de la papatte
C'est qui qui remue son p'tit nez
C'est qui qui te fait des bisous
C'est nous, c'est nous (bis)... les Lapinous !

PISTE 2

Les Lapinous

C'est qui qui a des
grandes oreilles

C'est qui qui est tout
doux tout doux

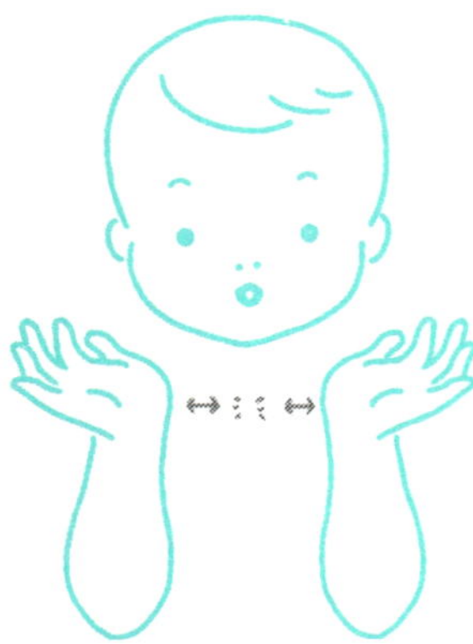

C'est qui qui se cache
dans les choux

C'est nous, c'est nous
(bis)... les Lapinous !

C'est qui qui te fait
des chatouilles

C'est qui qui monte
sur tes mains

C'est qui qui chante
à ton oreille

C'est nous, c'est nous
(bis)... les Lapinous !

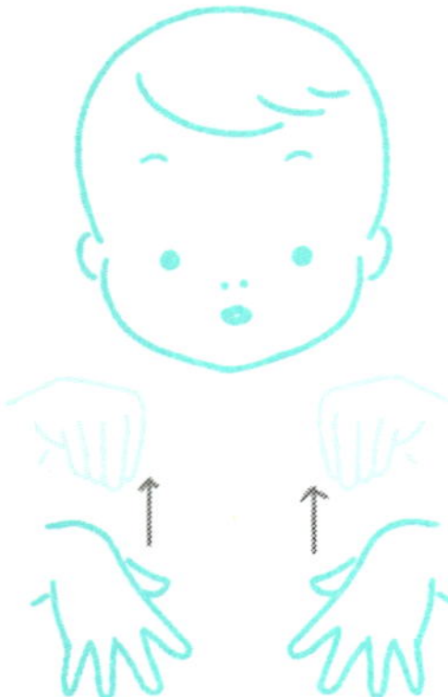

C'est qui qui se roule
dans l'herbe

C'est qui qui bondit
dans les bois

C'est qui qui court
à perdre haleine

C'est nous, c'est nous
(bis)... les Lapinous !

C'est qui qui tape
de la papatte

C'est qui qui remue
son p'tit nez

C'est qui qui te fait
des bisous

C'est nous, c'est nous
(bis) les Lapinous !

Tagada

Un petit cheval blanc
Trottait, trottait gaiement
Tout en se promenant
Il rencontre un autre cheval blanc
- Bonjour petit cheval blanc
- Bonjour petit cheval blanc
- Comme on se ressemble... On est copains ?
- Oui !
Deux petits chevaux blancs
Trottaient, trottaient gaiement
Tout en se promenant
Ils rencontrent un autre cheval blanc
- Bonjour petit cheval blanc
- Bonjour petits chevaux blancs
- Comme on se ressemble... On est copains ?
- Oui !
Trois petits chevaux blancs
Trottaient, trottaient gaiement
Tout en se promenant
Ils rencontrent un petit cheval... gris !
- Bonjour petit cheval gris
- Bonjour petits chevaux blancs
- On ne se ressemble pas du tout, hein ?
- Non... Pas du tout
- Ça fait rien... On est copains ?
- Ouiiiiiii !
Quatre petits grands amis
Galopaient dans les prés
Tagada, tagada...

PISTE 3

Tagada

Un petit cheval blanc

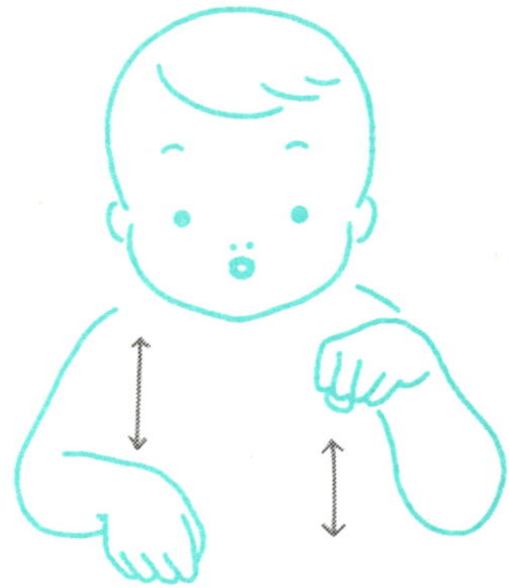

Trottait, trottait
gaiement

Tout en se promenant

Il rencontre un autre
cheval blanc

- Bonjour petit cheval blanc

- Bonjour petit cheval blanc

- Comme on se ressemble...

On est copains ?
- Oui !

Deux petits chevaux blancs

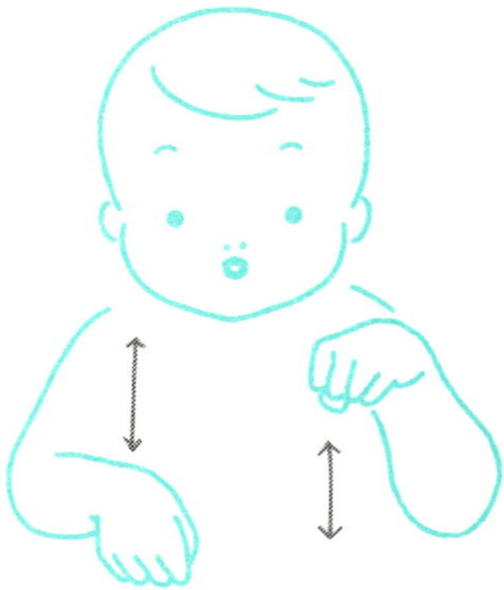

Trottaient, trottaient gaiement

Tout en se promenant

Ils rencontrent un autre cheval blanc

- Bonjour petit cheval blanc

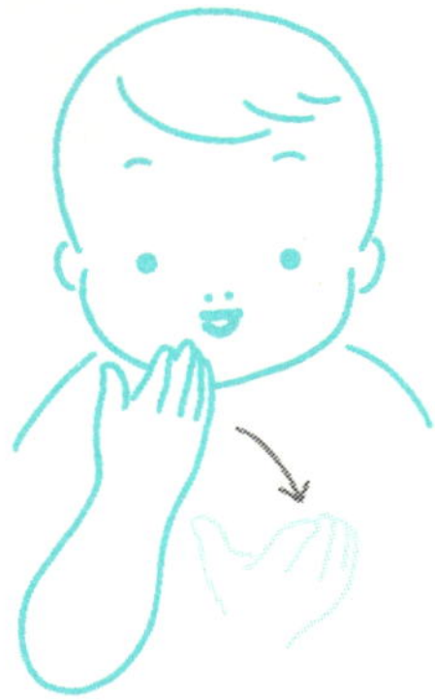

- Bonjour petits chevaux blancs

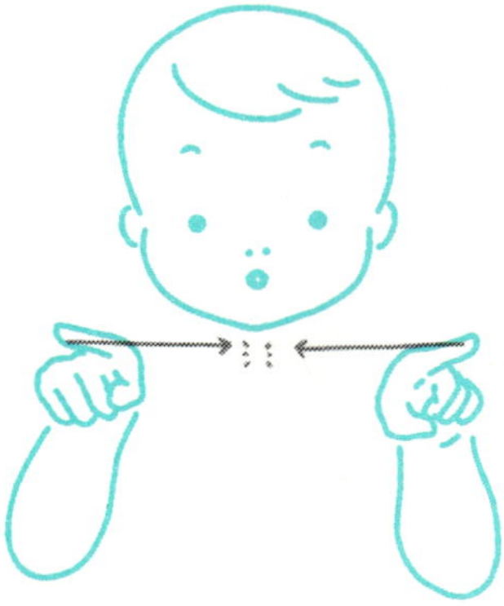

- Comme on se ressemble...

On est copains ?
- Oui !

Trois petits chevaux blancs

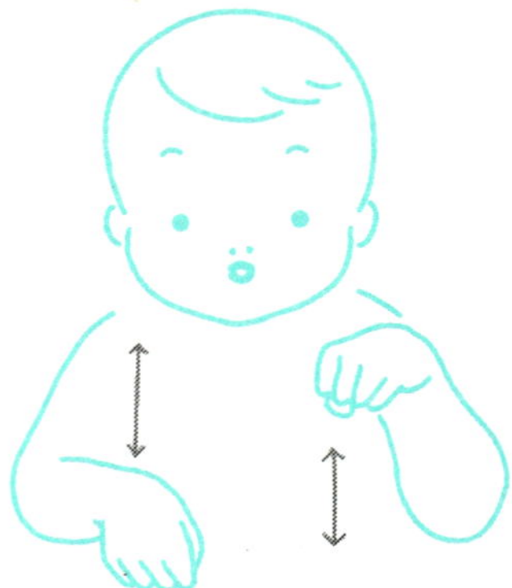

Trottaient, trottaient gaiement

Tout en se promenant

Ils rencontrent un autre cheval... gris

- Bonjour petit
cheval gris

- Bonjour petits
chevaux blancs

On ne se ressemble pas
du tout, hein ?

- Non... Pas du tout

- Ça fait rien...
On est copains ?
- Ouiiiiiii !

Quatre petits
grands amis

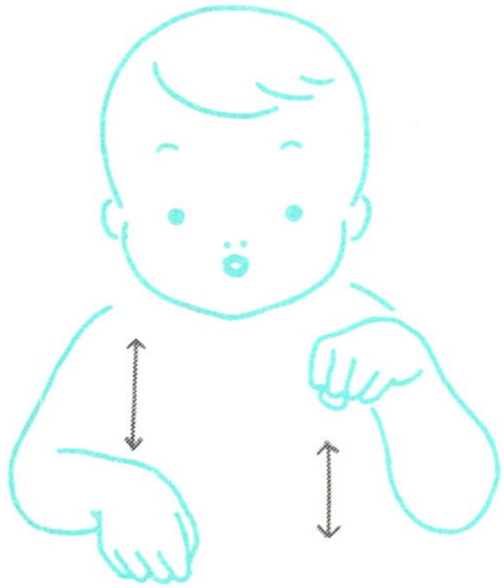

Galopaient dans les prés
Tagada, tagada...

Dans mon pays d'Espagne

Dans mon pays d'Espagne, olé ! (bis)
Y'a un soleil comme ça (bis)
Dans mon pays d'Espagne, olé ! (bis)
Y'a un soleil comme ça (bis)
Y'a des montagnes comme ça (bis)
Dans mon pays d'Espagne, olé ! (bis)
Y'a un soleil comme ça (bis)
Y'a des montagnes comme ça (bis)
Il y a la mer comme ça (bis)
Dans mon pays d'Espagne, olé ! (bis)
Y'a un soleil comme ça (bis)
Y'a des montagnes comme ça (bis)
Il y a la mer comme ça (bis)
Y'a des danseuses comme ça (bis)
Dans mon pays d'Espagne olé ! (bis)
Y'a un soleil comme ça (bis)
Y'a des montagnes comme ça (bis)
Il y a la mer comme ça (bis)
Y'a des danseuses comme ça (bis)
Y'a des guitares comme ça (bis)
Olé !

PISTE 4

Dans mon pays d'Espagne

Dans mon pays
d'Espagne, olé ! (bis)

Y'a un soleil comme ça
(bis)

Dans mon pays
d'Espagne, olé ! (bis)

Y'a un soleil comme ça
(bis)

Y'a des montagnes
comme ça (bis)

Dans mon pays d'Espagne, olé ! (bis)

Y'a un soleil comme ça (bis)

Y'a des montagnes comme ça (bis)

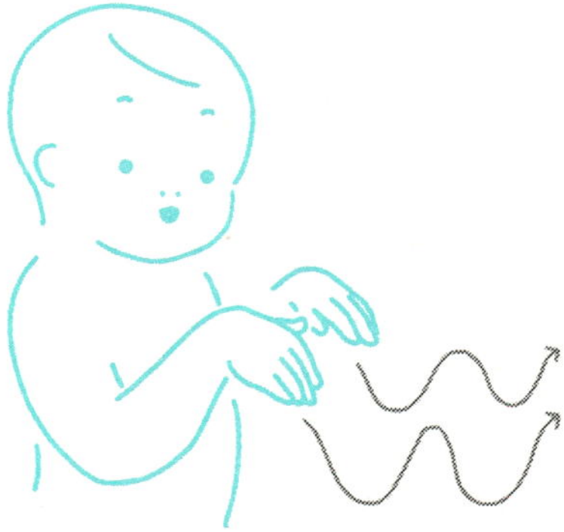

Il y a la mer comme ça (bis)

Dans mon pays d'Espagne, olé ! (bis)

Y'a un soleil comme ça (bis)

Y'a des montagnes comme ça (bis)

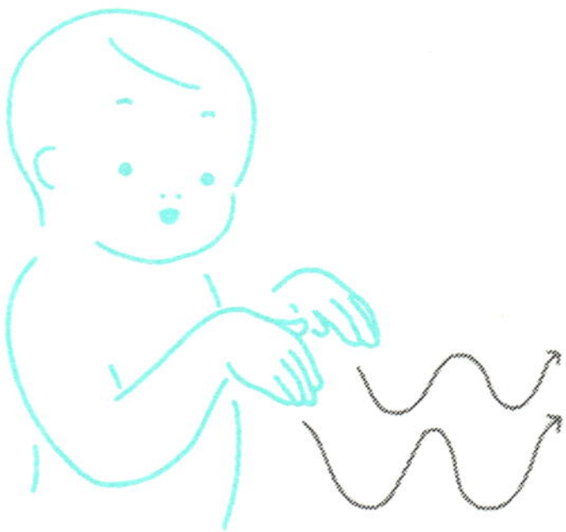

Il y a la mer comme ça (bis)

Y'a des danseuses comme ça (bis)

Dans mon pays d'Espagne, olé ! (bis)

Y'a un soleil comme ça (bis)

Y'a des montagnes comme ça (bis)

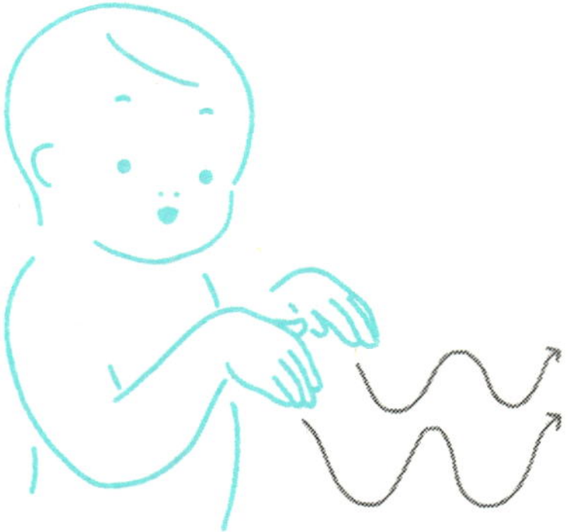

Il y a la mer comme ça (bis)

Y'a des danseuses comme ça (bis)

Y'a des guitares comme ça (bis)
Olé !

Berceuse du petit oiseau

Quand la nuit tombe
Quand moineaux et colombes disent
Bonne nuit à leurs tout-petits
N'aie pas peur, je veille sur ton cœur
Les rêves t'appellent
Et te font vivre des merveilles
Tu voles et tu brilles
N'aie pas peur, je veille sur ton cœur
Quels que soient les maux qui te tracassent
N'oublie pas que tout ça passe
Quelles que soient tes peines ou tes angoisses
Avec la nuit, tout s'efface
Le vent chante et danse
Et les arbres se balancent
Sur cette mélodie, mon tout-petit
Toutes tes peurs s'envolent de ton cœur
Au creux de mes ailes
Tu verras comme la nuit est belle
Sans nuages dans le ciel
Tu n'as plus peur et tu veilles sur mon cœur
Quels que soient les maux qui te tracassent
N'oublie pas que tout ça passe
Quelles que soient tes peines ou tes angoisses
Avec la nuit, tout s'efface
Quand la nuit tombe
Quand moineaux et colombes disent
Bonne nuit à leurs tout-petits
N'aie pas peur, je veille sur ton cœur

PISTE 5

Berceuse du petit oiseau

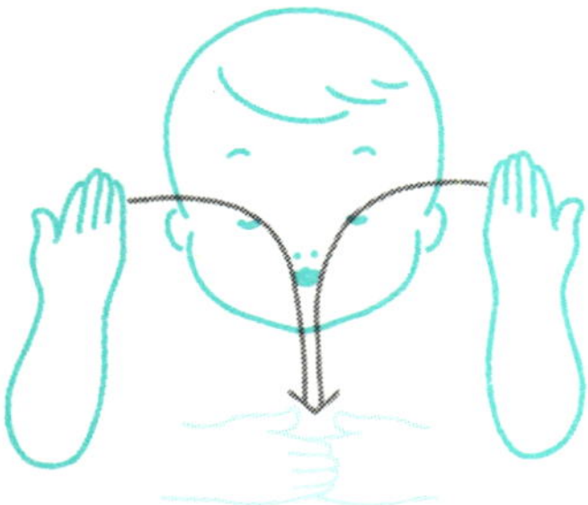

Quand la nuit tombe

Quand moineaux et colombes disent

Bonne

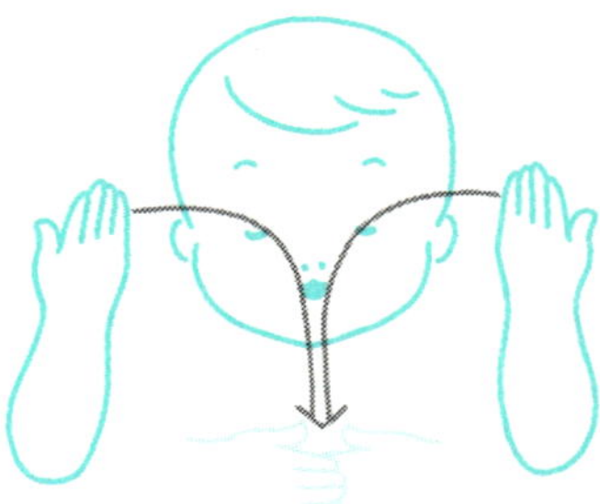

nuit

À leurs tout-petits

N'aie pas peur

Je veille sur ton cœur

Les rêves t'appellent

Et te font vivre
des merveilles

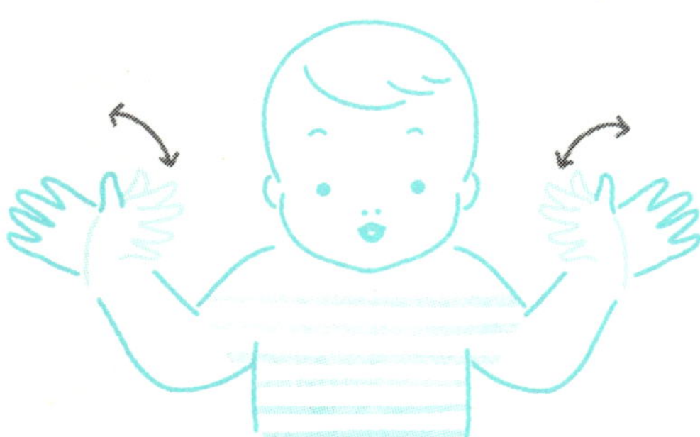

Tu voles et tu brilles

N'aie pas peur

Je veille sur ton cœur

Quels que soient les maux qui te tracassent

N'oublie pas que tout ça passe

Quelles que soient tes peines ou tes angoisses

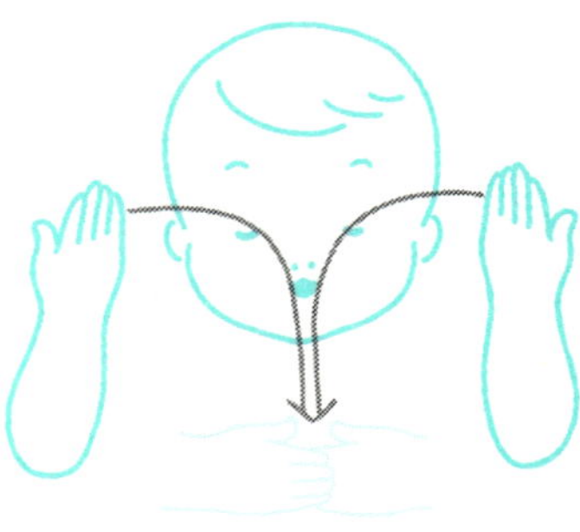

Avec la nuit

tout s'efface

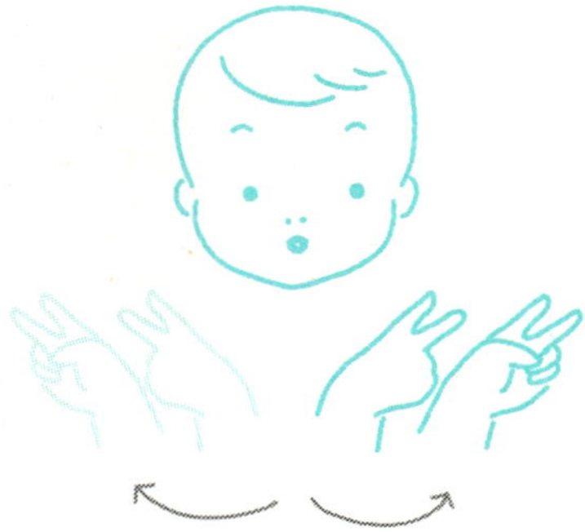

Le vent chante
et danse

Et les arbres
se balancent

Sur cette mélodie

Mon tout-petit

Toutes tes peurs

S'envolent de ton cœur

Au creux de mes ailes

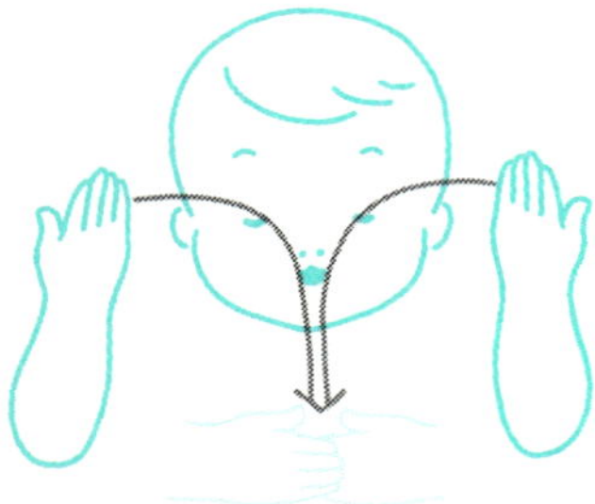

Tu verras comme
la nuit est belle

Sans nuages dans le ciel

Tu n'as plus peur

Et tu veilles
sur mon cœur

Quels que soient les maux qui te tracassent

N'oublie pas que tout ça passe

Quelles que soient tes peines ou tes angoisses

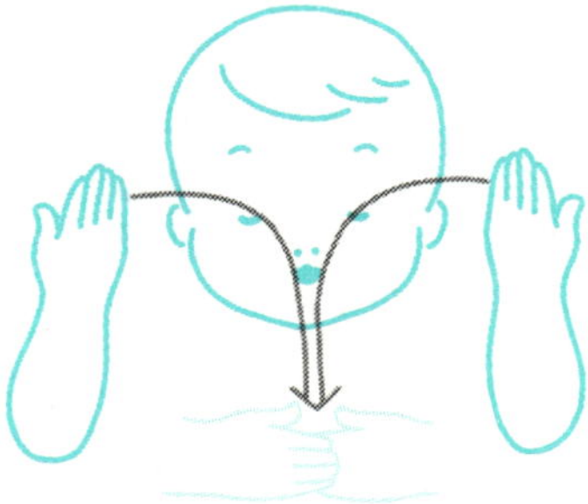

Avec la nuit

tout s'efface

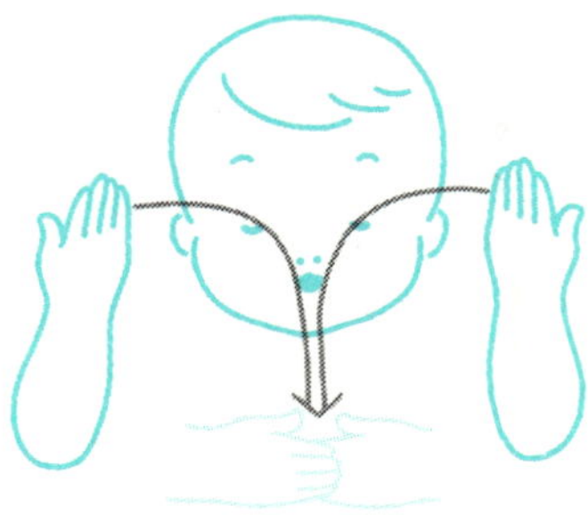

Quand la nuit tombe

Quand moineaux
et colombes disent

Bonne

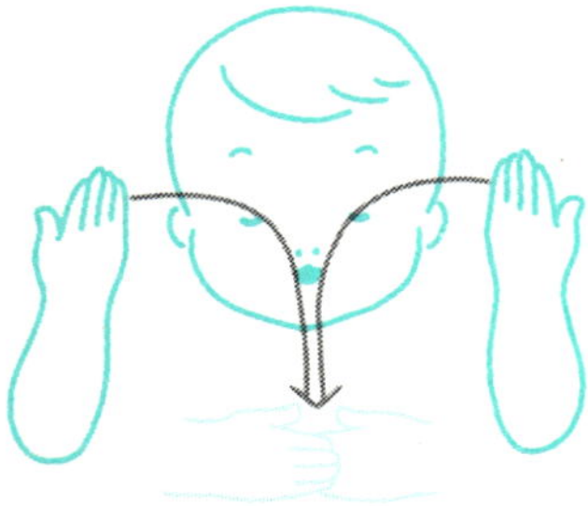

nuit

À leurs tout-petits

N'aie pas peur

Je veille sur ton cœur

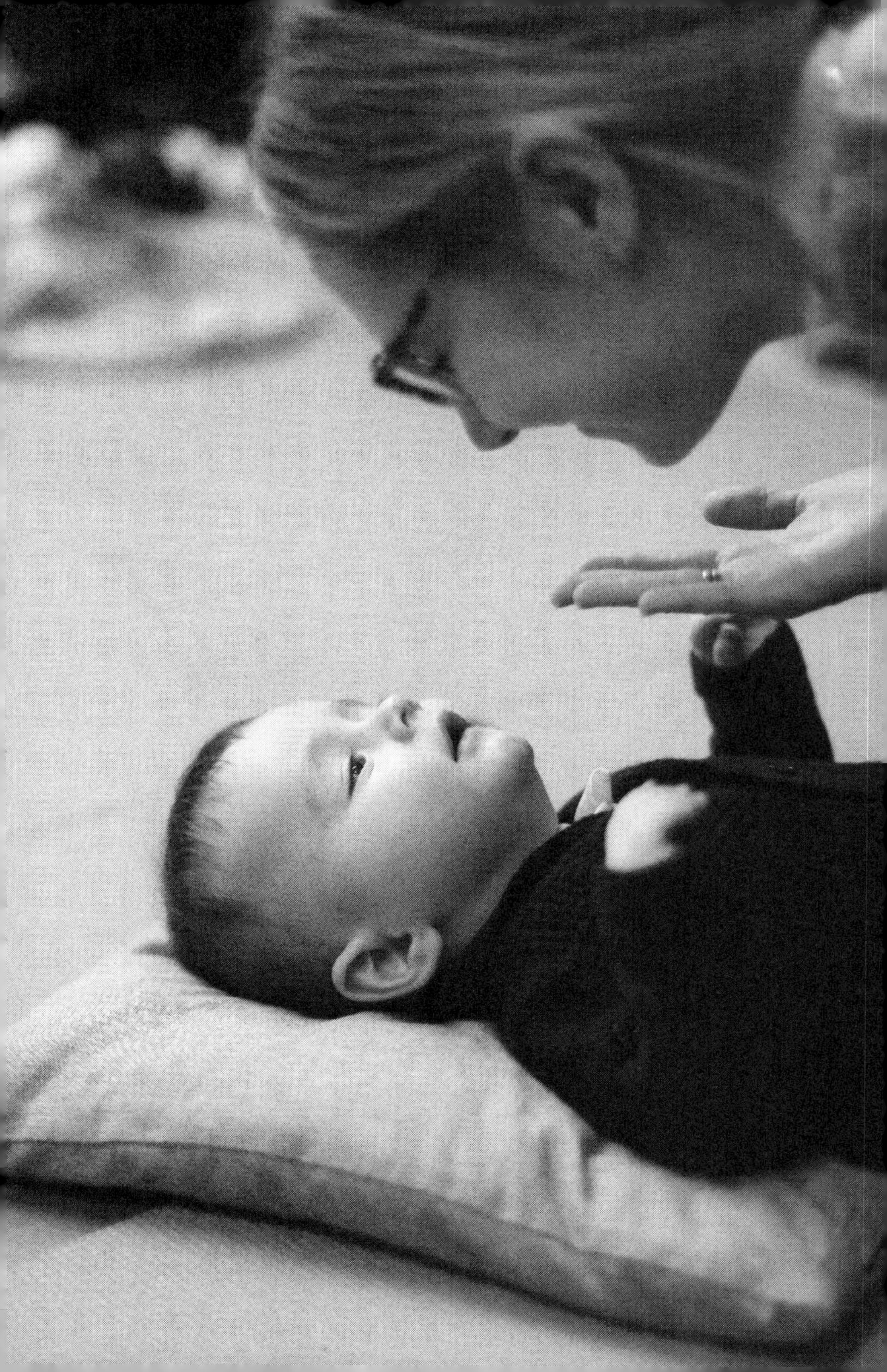

Le Rock and roll des gallinacés

Dans ma basse-cour il y a
Des poules, des dindons, des oies
Il y a même des canards
Qui barbotent dans la mare !
Et ça fait cot, cot, codec
Et ça fait cot, cot, cot, cot, cot, codec
Et ça fait cot, cot, cot, codec
C'est le rock and roll des gallinacés !
Dans ma basse-cour il y a
Des chats, des souris, des rats
Quand ils se mettent à danser
On entend le fermier chanter !
Et ça fait cot, cot, cot, codec
Et ça fait cot, cot, cot, cot, codec (bis)
C'est le rock and roll des gallinacés !
Dans ma basse-cour il y a
Des dindons, des cannetons
Il y a même des pigeons
Qui se cachent dans les buissons
Et ça fait cot, cot, codec
Et ça fait cot, cot, cot, cot, codec
Et ça fait cot, cot, codec
C'est le rock and roll des gallinacés !

PISTE 6

Le Rock and roll des gallinacés

Dans ma basse-cour
il y a

Des poules

Des dindons

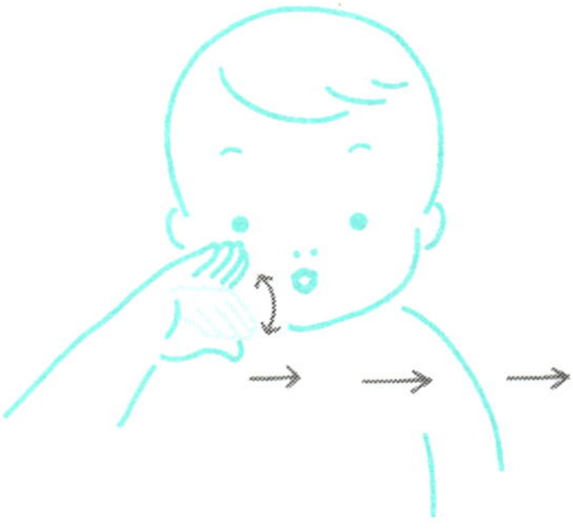

Des oies

Il y a même
des canards

Qui barbotent
dans la mare !

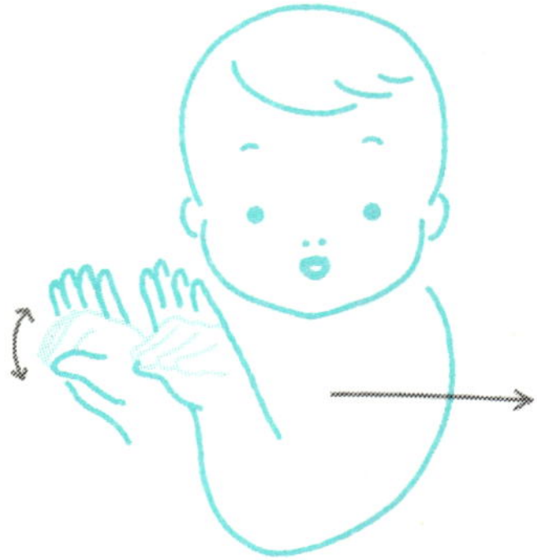

Et ça fait
cot, cot, codec
Et ça fait cot, cot, cot,
cot, cot, codec
Et ça fait
cot, cot, cot, codec

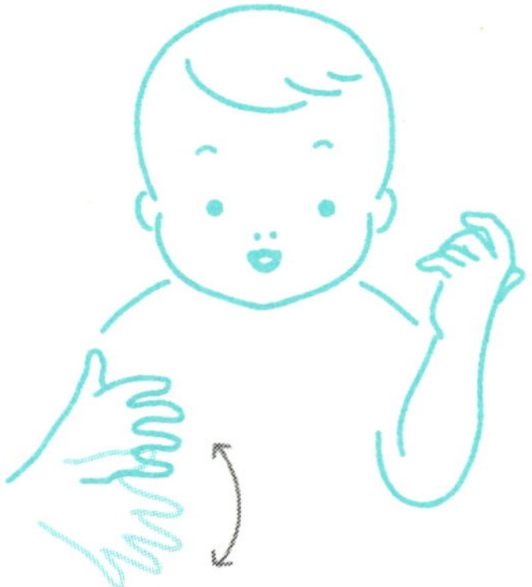

C'est le rock and roll
des gallinacés !

Dans ma basse-cour
il y a

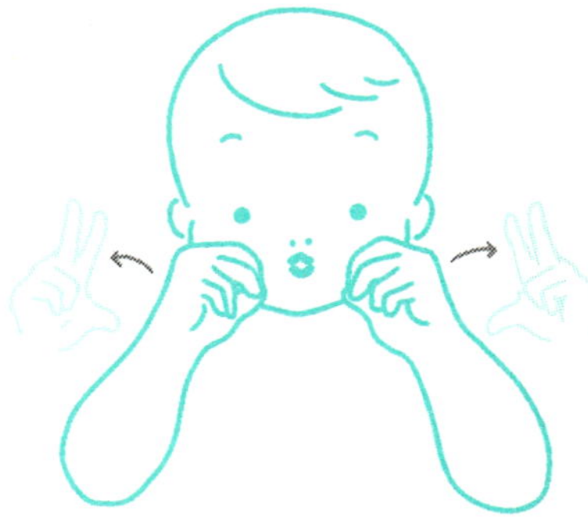

Des chats

Des souris

Des rats

Quand ils se mettent
à danser

On entend le fermier
chanter !

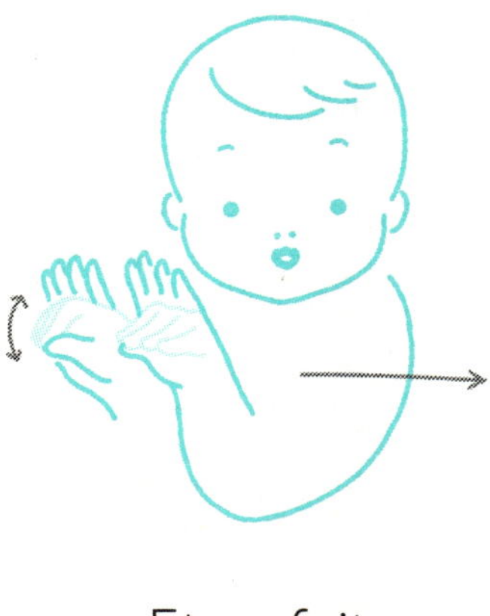

Et ça fait
cot, cot, cot, codec
Et ça fait cot, cot, cot,
cot, codec (bis)

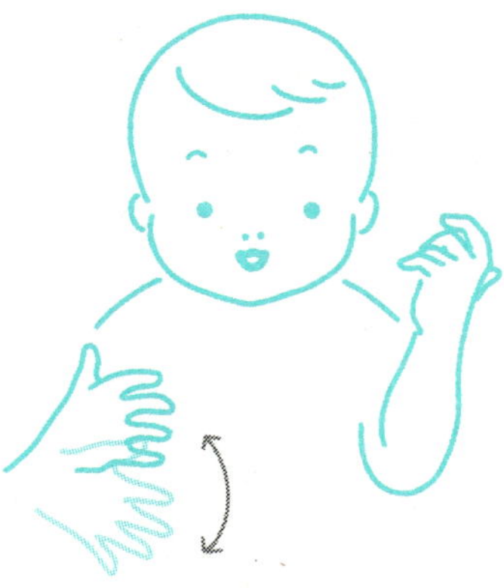

C'est le rock and roll
des gallinacés !

Dans ma basse-cour
il y a

Des dindons

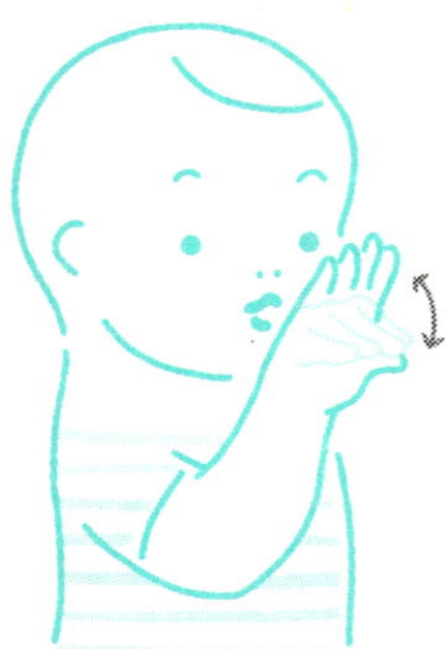

Des cannetons

Il y a même
des pigeons

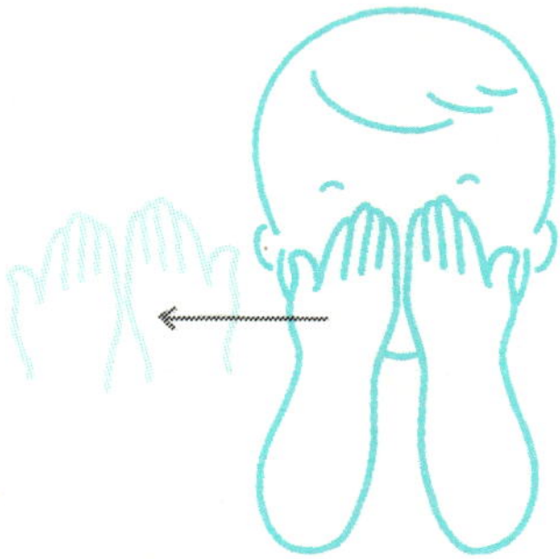

Qui se cachent
dans les buissons

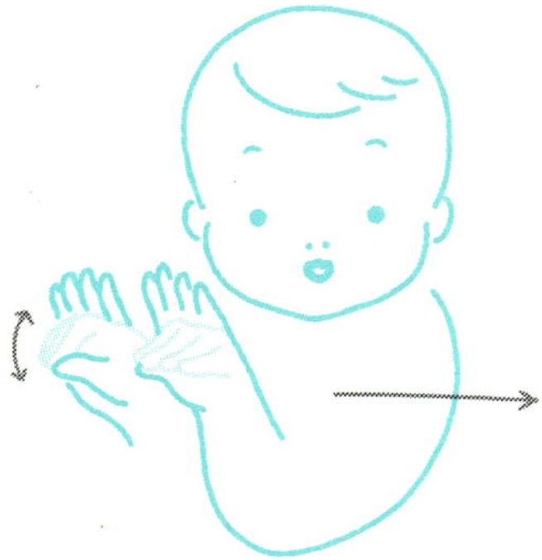

Et ça fait
cot, cot, codec

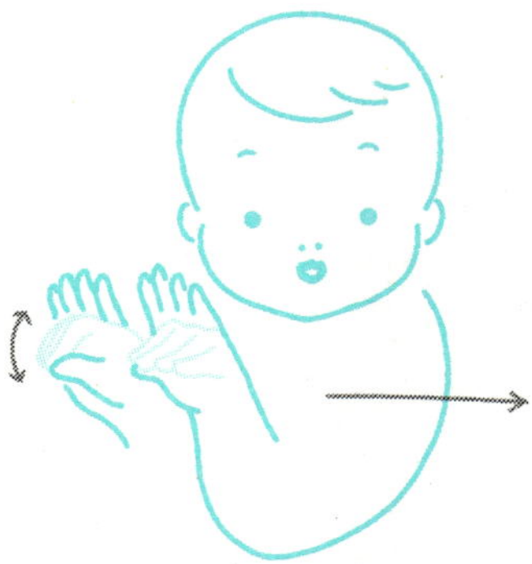

Et ça fait cot, cot, cot,
cot, codec
Et ça fait cot, cot,
codec

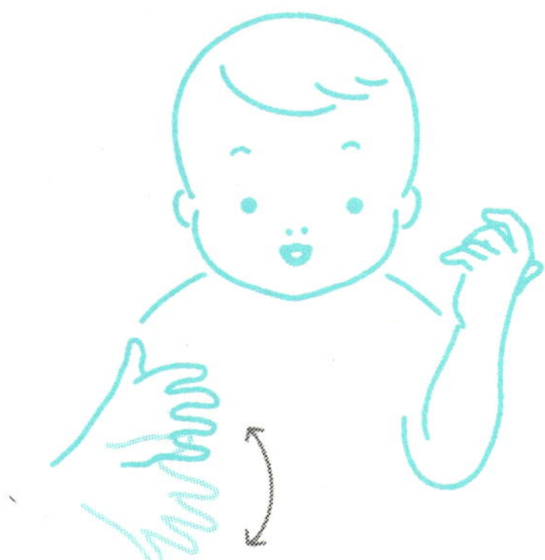

C'est le rock and roll
des gallinacés !

Mes couleurs à moi

Rouge, rouge, rouge, rouge…
comme mon ballon, comme un bonbon
comme quand je suis grognon
Jaune, jaune, jaune, jaune…
comme un citron, comme mon camion
comme quand j'ai mal à mon bidon
C'est mes couleurs à moi
Bleu, bleu, bleu, bleu…
comme le ciel bleu, comme la mer bleue
comme les yeux de mon amoureux
Vert, vert, vert, vert…
comme un mouton, mais non, mais non !
Vert comme un cornichon
C'est mes couleurs à moi
Blanc, blanc, blanc, blanc…
comme la glace, comme une trace
sur mon dessin quand je l'efface
Noir, noir, noir, noir…
comme la nuit
quand je me sens tout petit
caché sous les draps de mon lit
C'est mes couleurs à moi
Rien qu'à moi

PISTE 7

Mes couleurs à moi

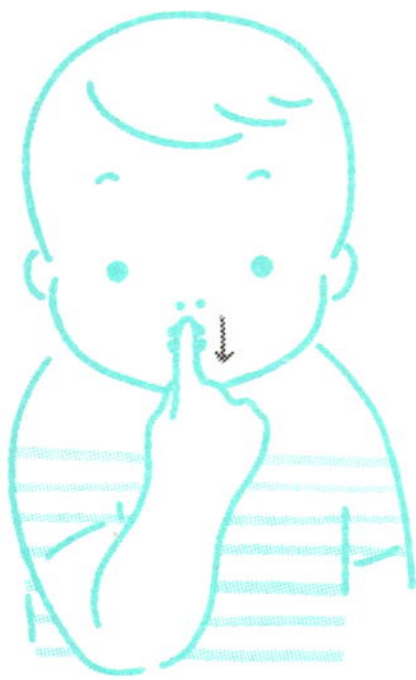

Rouge, rouge, rouge,
rouge…

comme mon ballon

comme un bonbon

comme quand
je suis grognon

Jaune, jaune, jaune, jaune...

comme un citron

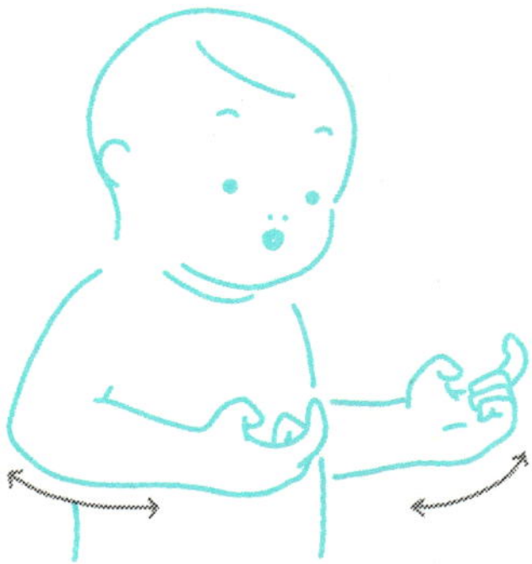

comme mon camion

comme quand j'ai mal à mon bidon

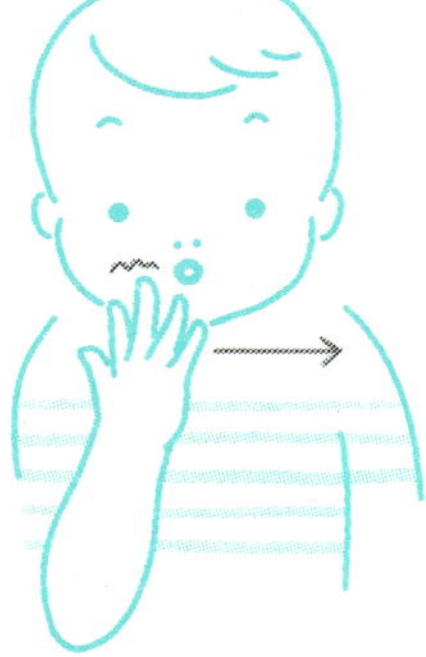

C'est mes couleurs à moi

Bleu, bleu, bleu, bleu...

comme le ciel bleu

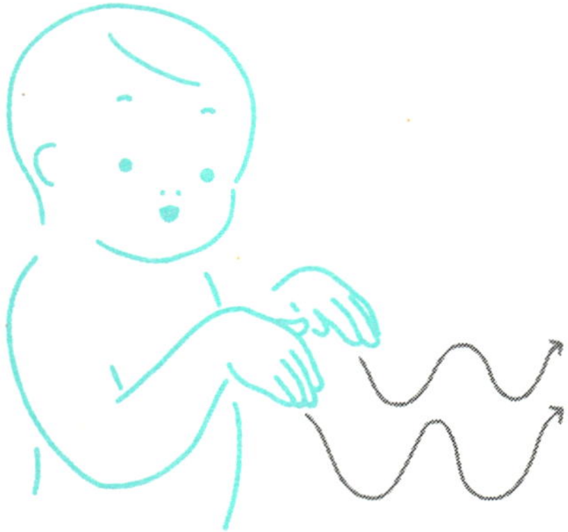

comme la mer bleue

comme les yeux
de mon amoureux

Vert, vert, vert, vert...

comme un mouton

mais non, mais non !

Vert comme
un cornichon

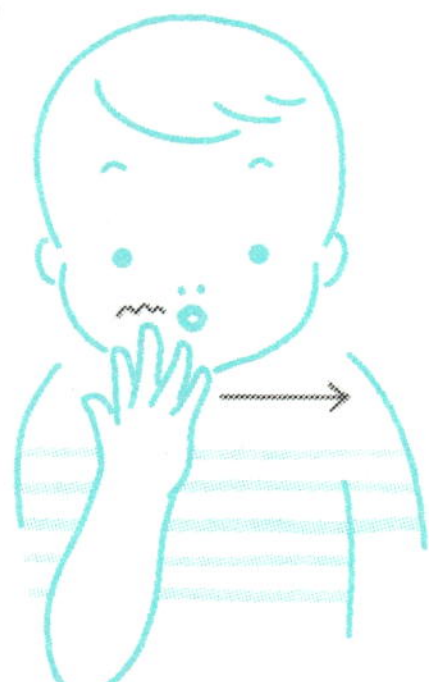

C'est mes couleurs
à moi

Blanc, blanc, blanc,
blanc...

comme la glace

comme une trace

sur mon dessin
quand je l'efface

Noir, noir, noir, noir...

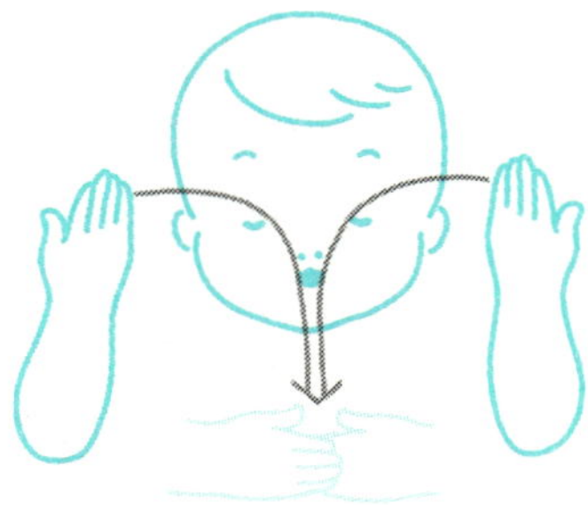

comme la nuit

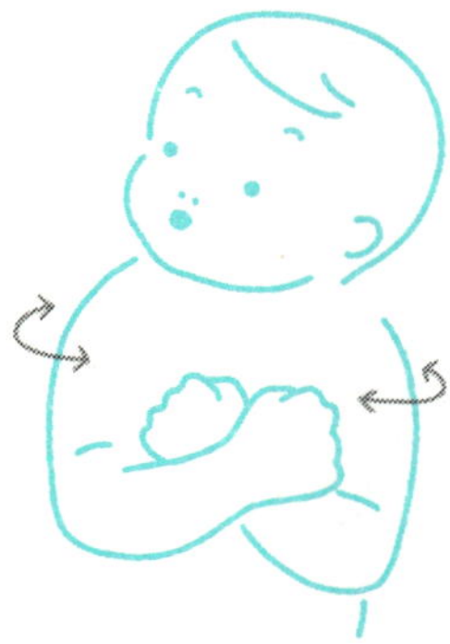

quand je me sens
tout petit

caché sous les draps
de mon lit

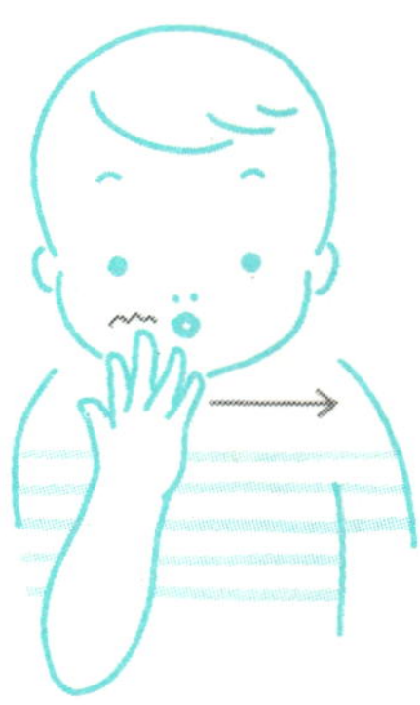

C'est mes couleurs
à moi

Rien qu'à moi

Ah c'est le bain !

Mon hippopotame fait coin-coin dans son bain
Il se prend pour un canard
C'est pour ça qu'il fait coin-coin
Ah c'est le bain, c'est le bain, c'est le bain...
Bulles, bulles, splash, ça coule, ça coule
Glouglouglou, ça fait rien du tout
Coin-coin coin-coin

PISTE 8

Ah c'est le bain !

Mon hippopotame

fait coin-coin

dans son bain

Il se prend
pour un canard

C'est pour ça
qu'il fait coin-coin

Ah c'est le bain, c'est
le bain, c'est le bain...

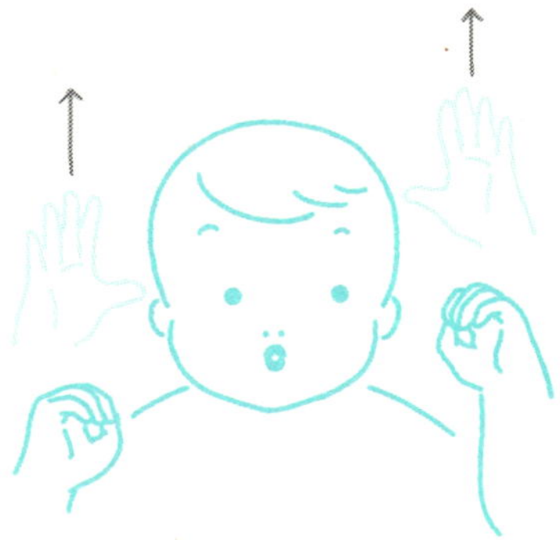

Bulles, bulles, splash,
ça coule, ça coule

Glouglouglou,
ça fait rien du tout

Coin-coin
coin-coin

L'Ours Baloum

Baloum Baloum aime le miel
Il n'a pas peur des abeilles
Baloum Baloum aime le miel
Même si ça lui pique les oreilles
Il s'en va tranquille
De son petit pampadampadam
Cueillir des cerises
Et des fraises des bois

PISTE 9

L'Ours Baloum

Baloum Baloum

aime

le miel

Il n'a pas peur

des abeilles

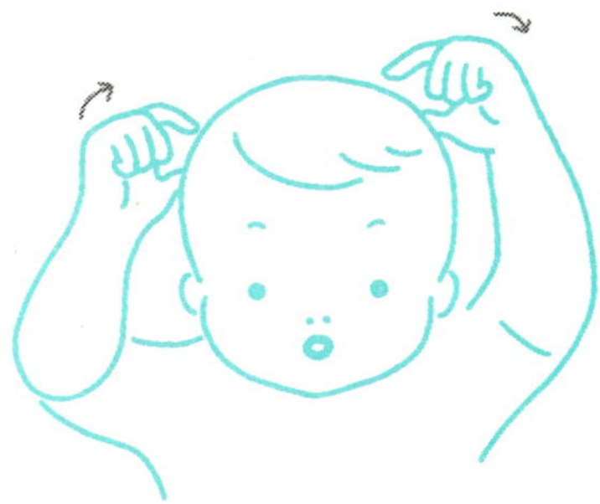

Baloum Baloum

aime

le miel

Même si ça lui pique les oreilles

Il s'en va tranquille

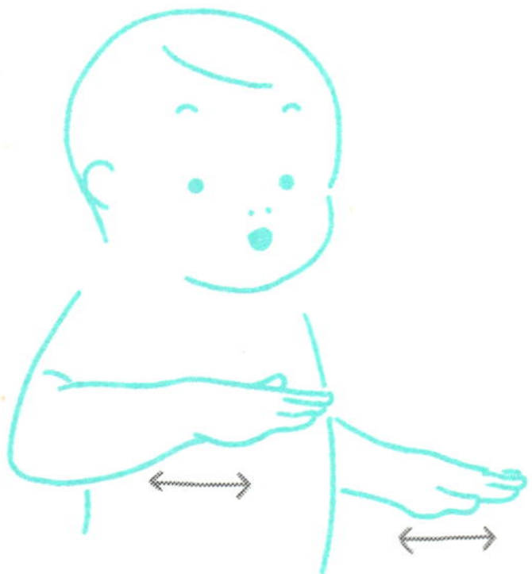

De son petit pampadampadam

Cueillir des cerises

Et des fraises

des bois.

Tu connais, ça te le fait ?

Bleu, bleu, j'ai une peur bleue
Une grosse araignée devant mes yeux
Ma maman m'a rassurée
A ouvert la fenêtre puis l'a libérée
Je ne peux plus m'arrêter de pleurer
Mon petit chat s'est échappé
Mon papa m'a consolée
Dans ses grands bras il m'a bercée
Ce que je sens, je le sens
Tu connais, ça te le fait ? Souvent ?
Chic, chouette ! c'est mon anniversaire
Y'a toutes mes copines et les bonbons que j'préfère
Vive le gâteau au chocolat
Les fraises tagada et les barbes à papa
Je crie, je hurle, je suis furieuse
Je ne veux pas manger, ni jouer, me calmer
Encore moins prêter mon jouet
Aujourd'hui je vois tout gris
Ce que je sens, je le sens
Tu connais, ça te le fait ? Souvent ?
C'est le soir, il fait tout noir
Mon petit lit m'attend avec mon frère dedans
Un gros câlin de papa, maman
Mon cœur explose, je les aime tant

PISTE 10

Tu connais, ça te le fait ?

Bleu, bleu

j'ai une peur bleue

Une grosse araignée
devant mes yeux

Ma maman
m'a rassurée

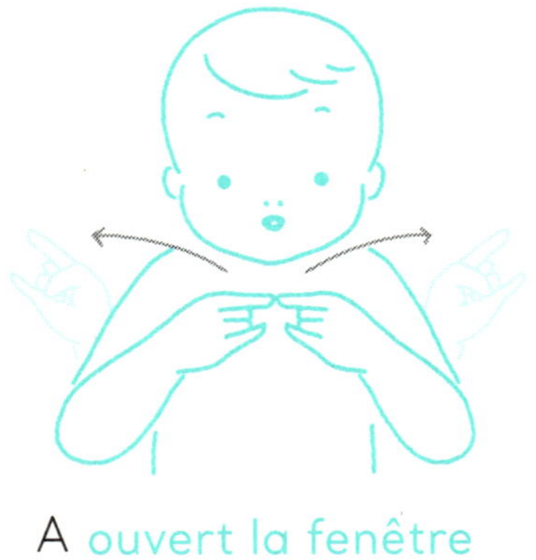

A ouvert la fenêtre
puis l'a libérée...

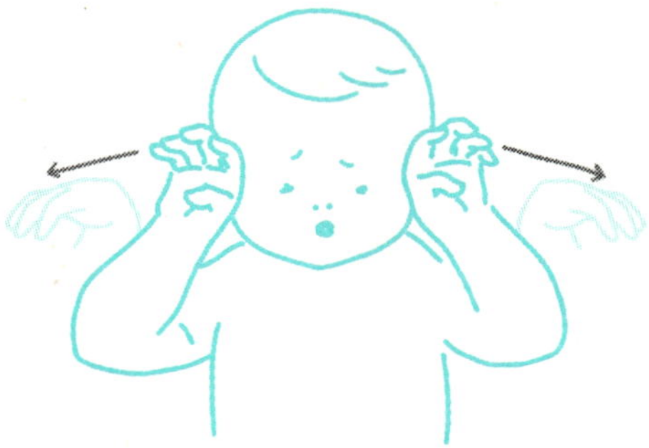

Je ne peux plus
m'arrêter de pleurer

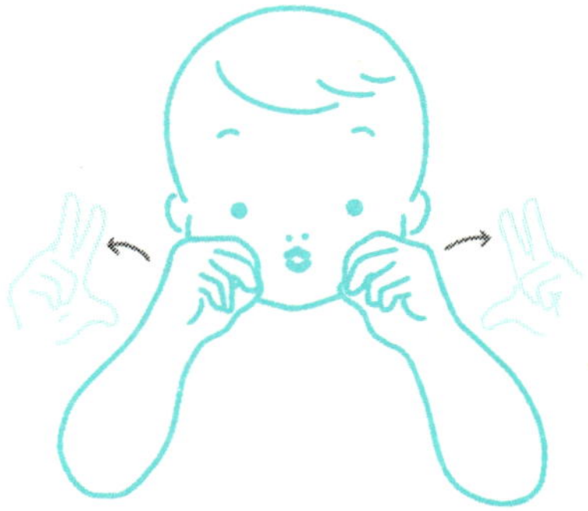

Mon petit chat
s'est échappé

Mon papa
m'a consolée

Dans ses grands bras
il m'a bercée...

Ce que je sens,
je le sens

Tu connais, ça te
le fait ? Souvent ?

Chic, chouette !
c'est mon anniversaire

Y'a toutes
mes copines

Et les bonbons
que j'préfère

Vive le gâteau

au chocolat

Les fraises tagada
et les barbes à papa...

Je crie, je hurle,
je suis furieuse,

Je ne veux pas
manger

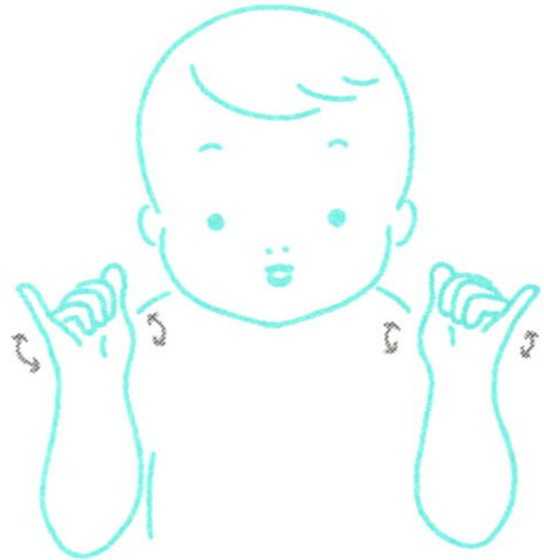

Ni jouer

me calmer

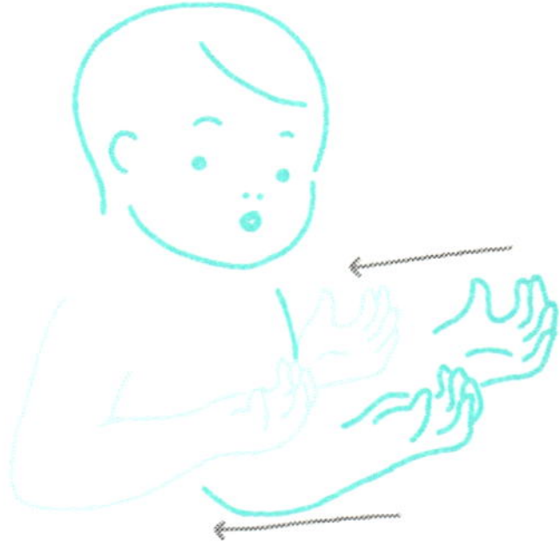

Encore moins
prêter mon jouet

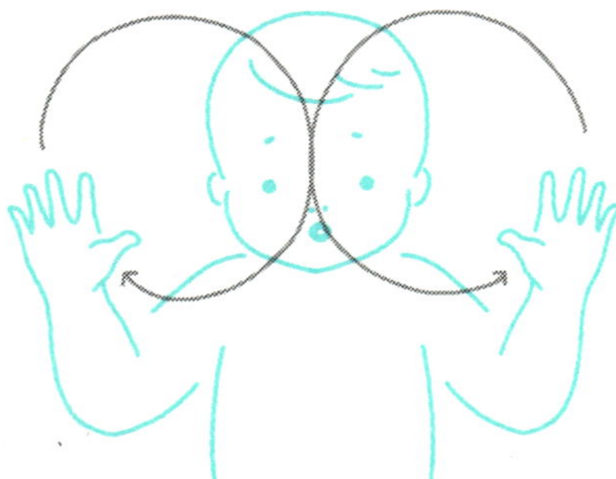

Aujourd'hui,
je vois tout gris

Ce que je sens,
je le sens

Tu connais, ça te
le fait ? Souvent ?

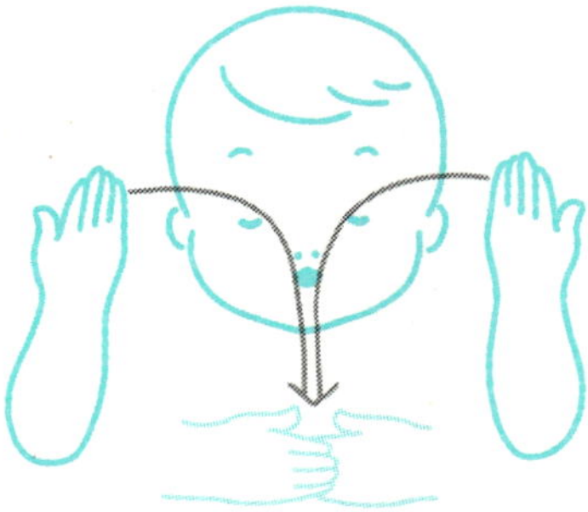

C'est le soir,
il fait tout noir

Mon petit lit m'attend
avec mon frère dedans

Un gros câlin

de papa

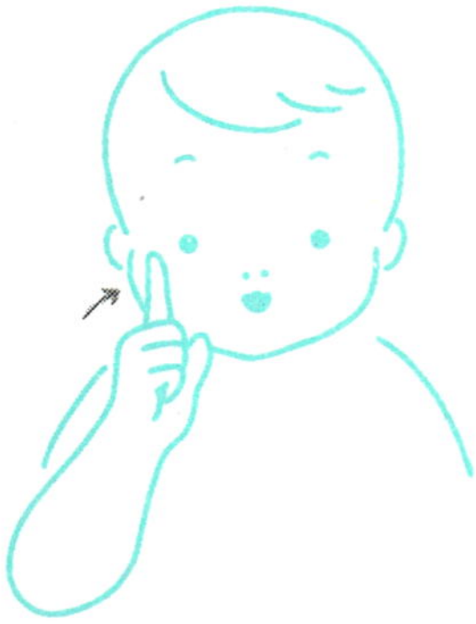

maman

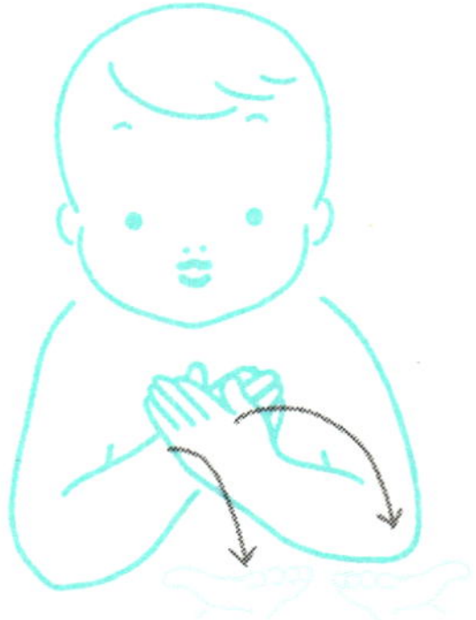

Mon cœur explose,
je les aime tant

À l'intérieur d'une citrouille

À l'intérieur d'une citrouille
Vivait un papillon géant
Amoureux fou d'une grenouille
Qui se plaignait d'un mal de dent
Oh là là ! Que j'ai mal aux dents !
Oh la coquine, la coquine, la coquine
Oh là là ! Que j'ai mal aux dents !
Oh la coquine, la coquine dedans

PISTE 11

À l'intérieur d'une citrouille

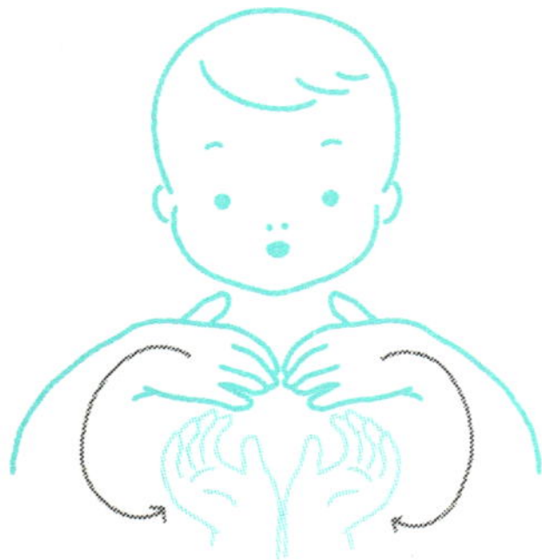

À l'intérieur
d'une citrouille

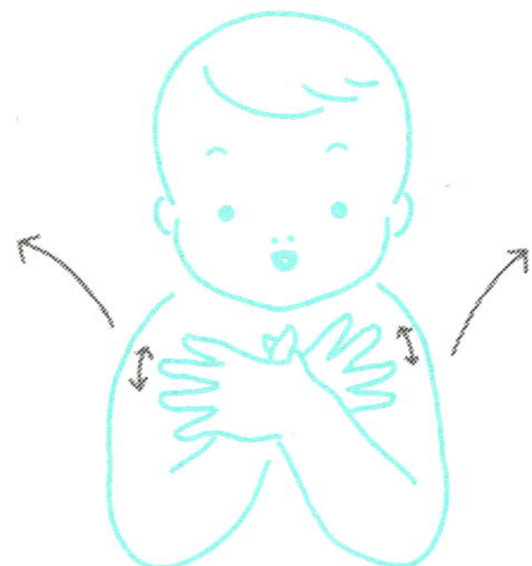

Vivait un papillon géant

Amoureux fou

d'une grenouille

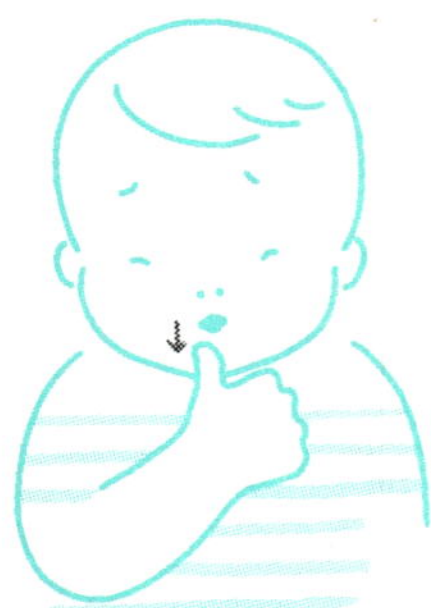

Qui se plaignait
d'un mal

de dent

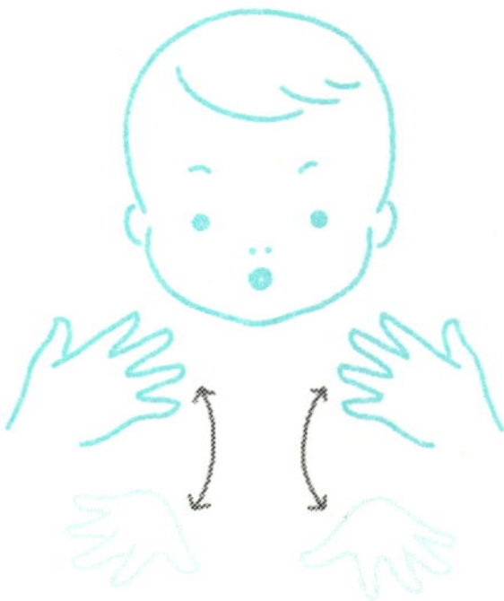

Oh là là !

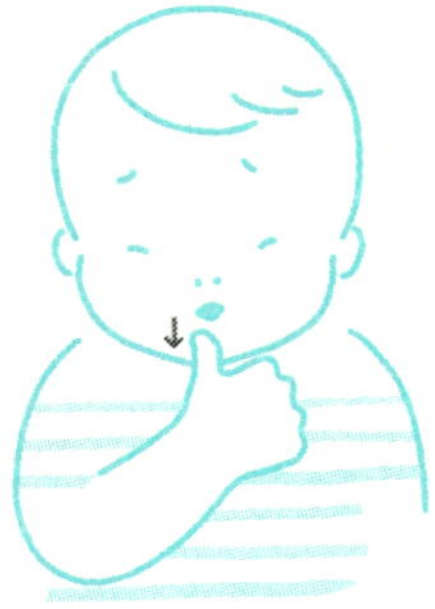

Que j'ai mal

aux dents !

Oh la coquine,
la coquine, la coquine

Oh là là !

Que j'ai mal

aux dents !

Oh la coquine,
la coquine

dedans

Doucement s'en va le jour

Doucement, doucement
Doucement s'en va le jour
Doucement, doucement
À pas de velours
La rainette dit
Sa chanson de nuit
Et le lièvre fuit
Sans un bruit
Doucement, doucement
Doucement s'en va le jour
Doucement, doucement
À pas de velours
Dans le creux des nids
Les oiseaux blottis
Se sont endormis
Bonne nuit
Doucement, doucement
Doucement s'en va le jour
Doucement, doucement
À pas de velours

PISTE 12

Doucement s'en va le jour

Doucement,
doucement

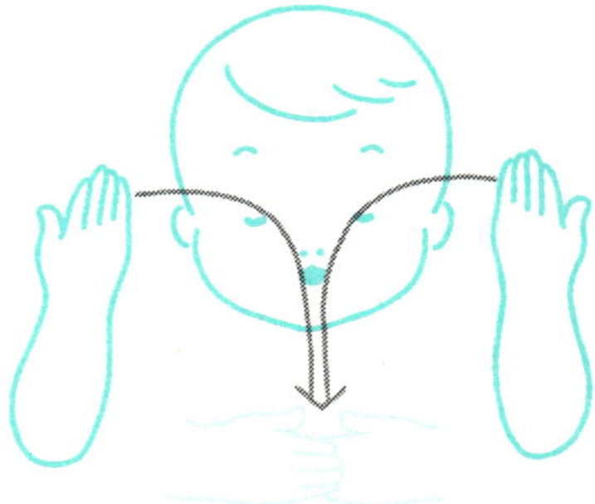

Doucement
s'en va le jour

Doucement,
doucement

À pas de velours

La rainette dit

Sa chanson de nuit

Et le lièvre fuit

Sans un bruit

Doucement,
doucement

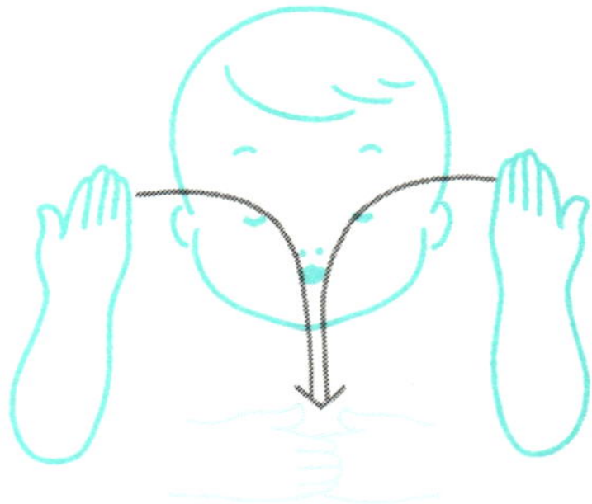

Doucement
s'en va le jour

Doucement,
doucement

À pas de velours

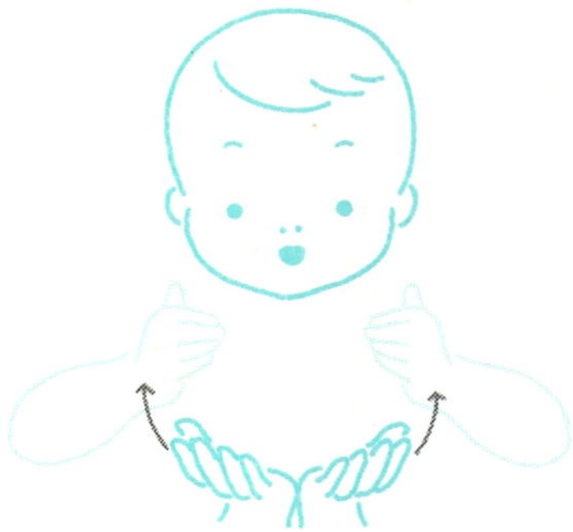

Dans le creux des nids

Les oiseaux blottis

Se sont endormis

Bonne

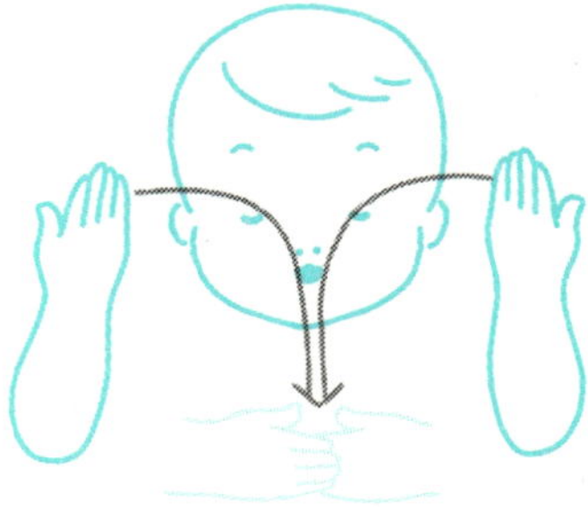

nuit

Doucement,
doucement

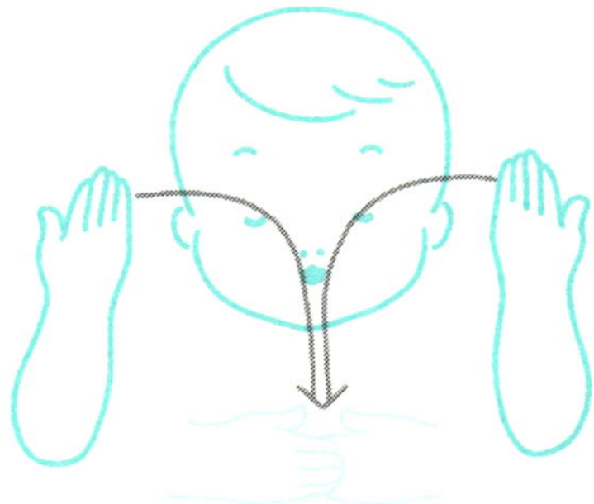

Doucement
s'en va le jour

Doucement,
doucement

À pas de velours

2

Des histoires sur le bout des doigts

Dans un univers ludique et poétique, à partir d'un petit texte fixe, une saynète prend vie comme au théâtre, et commence alors le voyage : corps et voix se mêlent tout en douceur, ou avec vivacité selon l'envie, l'humeur ou le moment de la journée !
Ce qui compte, c'est le jeu, la relation d'échange et de partage avec son tout-petit ; jouer et rejouer une même histoire à doigts pour rire chaque fois davantage !

Dans les histoires à doigts, pas de signes ou de Langue des signes : les gestes, positions des doigts, mouvements des mains symbolisent simplement un personnage, une action ou un élément du décor. La simplicité de cette petite forme gestuelle a un grand pouvoir d'évocation et laisse place à l'imagination.

À vous de les adapter, les façonner, les inverser… À vous de jouer !

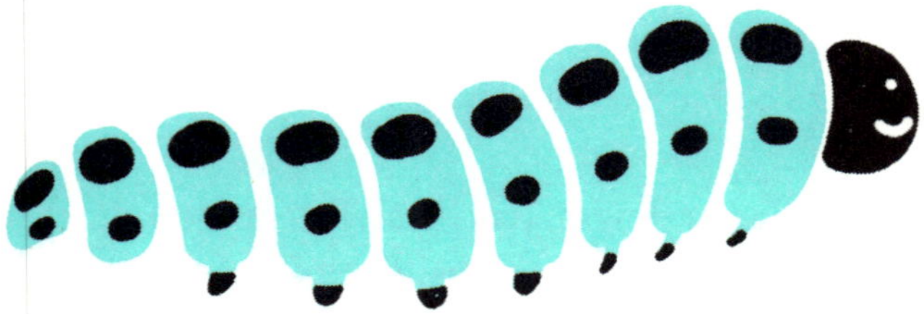

La Petite Chenille

La petite chenille se promène sur le chemin.
Elle rencontre un arbre…
Elle grimpe à l'arbre.
Entre les branches, elle tisse son cocon.
Passent les jours, passent les nuits…
Et la petite chenille se transforme en papillon !

La Petite Chenille

La petite chenille se promène
sur le chemin.

L'index droit rampe le long de l'avant-bras gauche à plat,
coude plié.

Elle rencontre un arbre...

Lever l'avant-bras gauche à la verticale, doigts écartés, paume vers soi.

Elle grimpe à l'arbre.

L'index droit rampe le long du bras gauche.

Entre les branches,
elle tisse son cocon.

Le poing droit fermé s'appuie contre la paume gauche.

Passent les jours,

La main droite décrit une courbe vers la droite.
Retourner la main droite, paume vers soi.

passent les nuits...

La main droite rejoint le bras gauche.
Refaire ce même geste de va-et-vient en silence,
en suivant la main droite du regard.

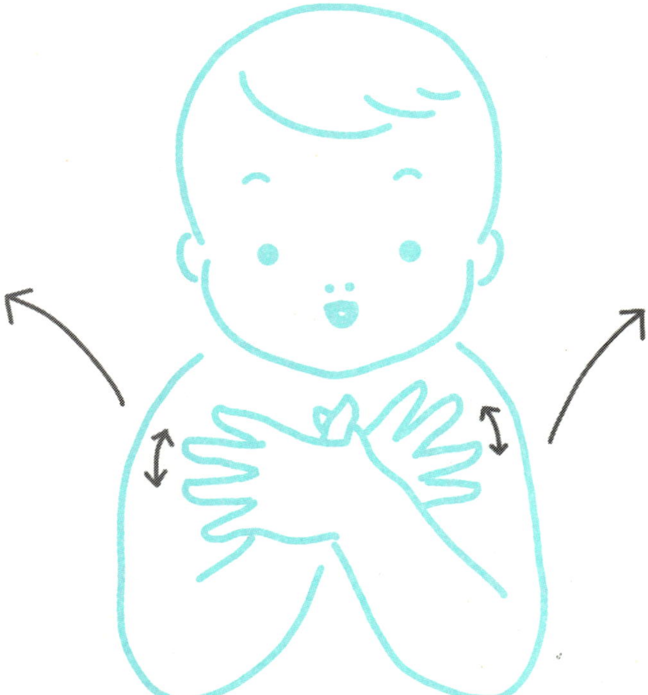

Et la petite chenille
se transforme en papillon !

Repartir de la position « cocon » puis croiser les pouces
pour faire le papillon qui s'envole.

Haskawawa et Hiskiwiwi

Haskawawa est un énorme hippopotame.
Hiskiwiwi est un tout petit Indien.
Hiskiwiwi lance une flèche sur Haskawawa :
Ziiiiim... Toc !
Haskawawa tombe dans l'eau. Plouf !
Hiskiwiwi est tout content ! Hi hi hi... !
Mais Haskawawa est malin. Il sait nager.
Coucou !
Hiskiwiwi est tout vexé. Ouh...

Haskawawa et Hiskiwiwi

Haskawawa est un énorme hippopotame.

Pouce – main gauche.

Hiskiwiwi est
un tout petit Indien.

Petit doigt – main droite.

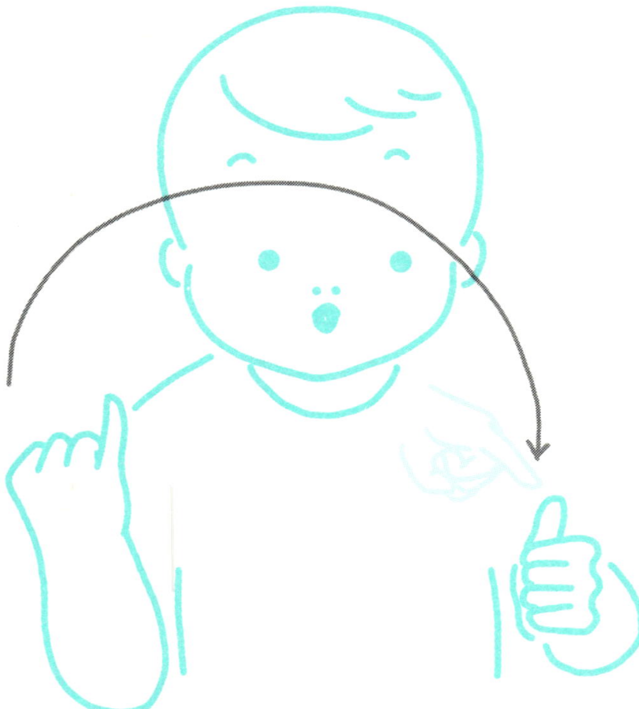

Hiskiwiwi lance une flèche
sur Haskawawa : Ziiiiim... Toc !

La main droite décrit un arc de cercle ;
le petit doigt atterit sur le pouce gauche.

Haskawawa tombe dans l'eau.
Plouf !

La main gauche tombe subitement.

Hiskiwiwi est tout content !
Hi hi hi... !

La main droite reprend sa place d'origine,
le petit doigt frétille de joie.

Mais Haskawawa est malin.
Il sait nager.

Pendant que la main gauche remonte à la surface, faire des claquements de langue.

Coucou !

Le pouce se plie pour dire « coucou » à l'arrivée.

Hiskiwiwi est tout vexé. Ouh…

Placer le petit doigt sur la bouche
et prendre un air dépité.

Refaire l'histoire avec seulement
ces mots et ces sons :

Haskawawa
Hiskiwiwi
Ziiiiim... Toc !
Plouf !
Hi hi hi... !
Clac clac clac
Ouh...

Encore une fois, le plus rapidement possible !

Haskawawa
Hiskiwiwi
Ziiiiim... Toc !
Plouf !
Hi hi hi... !
Clac clac clac
Ouh...

Une dernière fois, plus lentement
et complètement silencieusement...

J'ai un poisson qui nage

J'ai un poisson qui nage, qui nage, qui nage...
Il saute !...
Il saute encore...
Il ouvre la bouche
Oh ! Une petite bulle... qui monte, qui monte, qui monte...
Et hop... Elle éclate !

J'ai un poisson qui nage

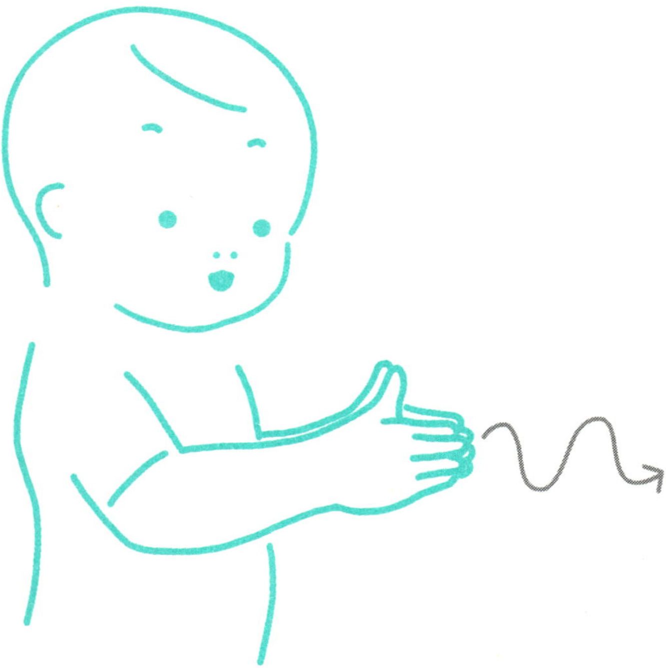

J'ai un poisson qui nage,
qui nage, qui nage...

Les mains jointes ondulent 3 fois devant soi.

Il saute !...

La main droite saute et plonge plusieurs fois par-dessus la main gauche avec un claquement de langue.

Il saute encore...

Refaire le saut avec 2 claquements de langue.

Il ouvre la bouche.

Les mains s'ouvrent : on regarde à l'intérieur.

Oh ! Une petite bulle...

La main gauche attrape délicatement la bulle dans le creux de la main droite.

qui monte, qui monte, qui monte...

La main gauche s'élève doucement en ondulant, on la suit du regard.

Et hop... Elle éclate !

Taper dans ses mains.

Monsieur et Madame Pouce vont se promener

Monsieur Pouce, Madame Pouce :
« Bonjour monsieur. »
« Bonjour madame. »
Monsieur et madame vont se promener.
Titalitatitati, titalitatitata, titalitatitati, titalitatitata…
Soudain… il pleut !
Il pleut sur la prairie.
Il pleut sur la grand-route.
Et le tout-petit
Trotte sous son parapluie…
… tout gris !

Monsieur et Madame Pouce vont se promener

Monsieur Pouce,

Présenter le pouce gauche

Madame Pouce :

Puis le pouce droit.

« Bonjour monsieur. »

Le pouce droit vient embrasser
le pouce gauche : 2 bisous.

« Bonjour madame. »

Le pouce gauche vient embrasser le pouce droit :
plein de bisous !

Monsieur et madame
vont se promener.

Rassembler les 2 pouces côte à côte
et les plier en alternance.

Titalitatitati, titalitatitata,
titalitatitati, titalitatitata...

Chantonner de façon guillerette.

Soudain… il pleut !

Les pouces se figent.

Il pleut sur la prairie.

La main droite vient tapoter
le dessus de la main gauche.

Il pleut sur la grand-route.

Les 2 mains viennent tapoter les cuisses.

Et le tout-petit

Petit doigt à la verticale.

Trotte sous son parapluie...

L'autre main se place au-dessus du petit doigt pour faire le parapluie.

... tout gris !

Les 2 mains disparaissent et vont se cacher dans le dos.

La Petite Fleur

La petite fleur s'ouvre.
Un papillon vient se poser sur la petite fleur.
La petite fleur est contente.
Le papillon s'envole.
La petite fleur est triste.
Elle se ferme. Elle se fane.
Et disparaît.
Au printemps suivant...
... une nouvelle fleur pousse !

La Petite Fleur

La petite fleur s'ouvre.

Main droite, coude plié, les doigts s'ouvrent doucement.

Un papillon vient se poser sur la petite fleur. La petite fleur est contente.

La main gauche, ondulante,
vient recouvrir délicatement la fleur.

Le papillon s'envole.

La main gauche se retire.

La petite fleur est triste. Elle se ferme.

La main droite se referme...

Elle se fane.

...et pivote « tête en bas ».

Et disparaît.

La main s'ouvre bien à plat.

Au printemps suivant…

Les doigts frétillent…

... une nouvelle fleur

Bouts des doigts serrés, comme au début.

pousse !

Retourner puis ouvrir doucement
les doigts sur un silence.

3

Petit répertoire des signes du quotidien

Clin d'œil

Moyen mnémotechnique

aimer

Main tendue, doigts serrés, mouvement de son cœur vers l'autre.

 On offre son cœur.

avoir mal / douleur

Le pouce descend lentement sur le menton.
Le visage exprime la douleur.

bain

Monter et descendre alternativement les poings fermés sur la poitrine comme si on se lavait.

biberon

Un bras plié (comme si l'on soutenait son bébé).
Avec l'autre main, le pouce est dirigé vers le bébé.
Petit mouvement d'avant en arrière.
On donne à boire au bébé.

bonjour

Main ouverte, doigts serrés, le mouvement part du menton et va vers l'autre.

caca

L'index vient tapoter deux fois le cou là où on sent la percussion du son [k].

Le signe vient de la rééducation orthophonique.

câlin

Les poings serrés, les bras croisés sur la poitrine, faire un petit mouvement de droite à gauche comme pour bercer.

changer (la couche)

Les deux poings fermés se touchent en croix puis tournent pour se rejoindre en croix dans l'autre sens.

chaud

La main ouverte, doigts arrondis, s'éloigne de la bouche avant de se retourner.

compote / purée

Les paumes des mains se pressent l'une contre l'autre en tournant.

 Penser aux fruits et légumes que l'on écrase.

dormir

On penche la tête sur le côté en fermant les yeux. Les deux mains, doigts serrés, avec les paumes l'une contre l'autre, viennent se poser contre la joue comme un oreiller.

doudou

Crocheter l'index sur le pouce (comme si on tenait le tissu du doudou entre le pouce et l'index) et caresser le nez ou la joue de haut en bas deux fois.

eau

L'index tendu vers le ciel se plie et se déplie.

L'eau goutte du robinet.

encore

Une main verticale, doigts serrés. L'autre main, pliée en angle droit, vient tapoter deux fois du bout des doigts la paume de la main verticale.

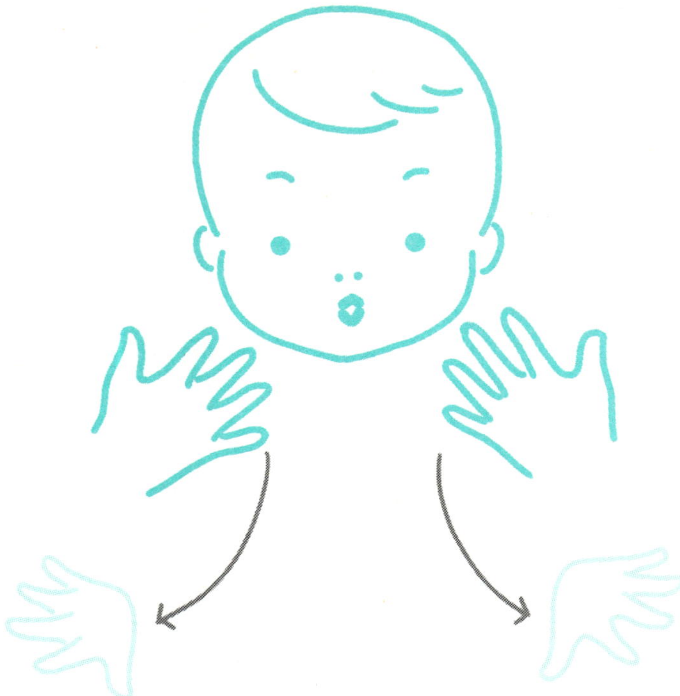

fini

Les deux mains, doigts écartés, paumes vers soi, s'abaissent d'un coup sec vers le sol, comme pour s'égoutter les mains quand on a fini de les laver. Faire le signe une seule fois.

Avoir l'image du rideau de fer qui tombe. C'est définitif.

froid

La main fermée en bec de canard passe rapidement devant la bouche.

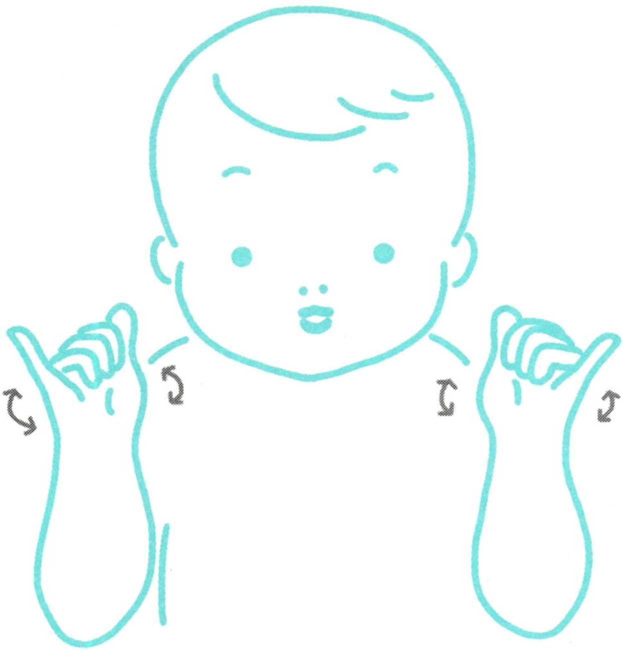

jouer

Les mains en forme de téléphone (pouce et auriculaire sortis) s'agitent en pivotant les poignets.

1

maman

Il existe de très nombreux signes pour « Maman » en LSF.
1 L'index tendu vient tapoter la joue deux fois (associé aux deux syllabes « ma-man »). Ce signe semble le plus adapté au jeune enfant : l'index tendu reprend le geste naturel du bébé lorsqu'il pointe du doigt les objets ; de plus, il se place au niveau du visage, ce qui permet une meilleure visibilité pour l'enfant : il est attentif au geste en même temps qu'aux expressions du visage.

2

3

ou

2 Le pouce caresse la joue.

C’est un signe affectueux.

ou

3 La main, doigts serrés, paume vers le ciel, tapote sous le sein.

manger

La main en forme de bec de canard fait de petits mouvements d'avant en arrière vers la bouche.

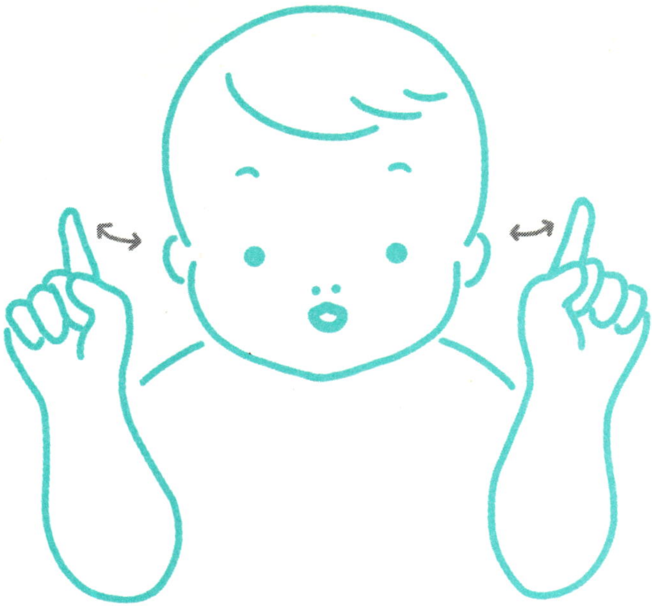

musique

Les index tendus vont de droite à gauche (mouvements arrondis) comme ceux du chef d'orchestre.

papa

L'index et le pouce viennent se toucher deux fois au niveau de la moustache.

pipi / toilettes

Une main en forme de téléphone (pouce et auriculaire sortis), paume vers le sol, le pouce tapote le plexus solaire.

téter

En LSF : une main en forme de bec de canard s'ouvre et se ferme plusieurs fois au niveau du sein.

téter

En ASL (*American Sign Language*) : une main, doigts écartés, paume vers le ciel, le bras levé. La main s'ouvre puis se ferme complètement à plusieurs reprises.

Ce signe est plus facile à reproduire pour les tout-petits et plus pudique, ce qui convient mieux à certaines mamans.

Index alphabétique

Des comptines et des signes

Des histoires sur le bout des doigts

Petit répertoire des signes du quotidien

Les comptines chantées

Direction artistique et arrangements : *Annabel de Courson*
Chant, chœurs et arrangements vocaux : Charlotte Pinardel
Violoncelle : Isabelle Vuarnesson
Guitare et chœurs : Raphaël Cornet
Percussions, bandonéon et voix : Annabel de Courson

1. Dans la forêt lointaine - 1,29 min
Traditionnel - arrangement : Annabel de Courson

2. Les Lapinous - 1,30 min
Auteur : Annabel de Courson
Compositeur : Annabel de Courson

3. Tagada - 1,52 min
Auteur : Annabel de Courson
Compositeur : Charlotte Pinardel

4. Dans mon pays d'Espagne - 1,55 min
Traditionnel - arrangement : Annabel de Courson

5. Berceuse du petit oiseau - 2,52 min
Auteurs : Renaud Gillier et Charlotte Pinardel
Compositeur : Charlotte Pinardel

6. Le Rock and roll des gallinacés - 2,16 min
Traditionnel - arrangement : Annabel de Courson

7. Mes couleurs à moi - 2,45 min
Auteur : Annabel de Courson
Compositeur : Annabel de Courson

8. Ah c'est le bain ! - 0,53 min
Auteurs et compositeurs : d'après une improvisation d'Annabel de Courson, Charlotte Pinardel et Daphné Souvatzi

9. L'Ours Baloum - 1,12 min
Traditionnel - arrangement : Annabel de Courson

10. Tu connais, ça te le fait ? - 2,20 min
Auteur : Annabel de Courson
Compositeur : Charlotte Pinardel

11. À l'intérieur d'une citrouille - 1 min
Traditionnel - arrangement : Annabel de Courson

12. Doucement s'en va le jour - 2,01 min
Traditionnel - arrangement : Annabel de Courson

Ressources

Ateliers *Signes avec Bébé* et spectacles (dès 6 mois) intégrant la Langue des signes :

Compagnie Maya : *www.compagniemaya.com*

Livre

Signer avec son bébé, une communication gestuelle bienveillante de Sophie d'Olce (Éditions First)

Remerciements

À Aurore Corominas
Serge Dupuy
Marie Bouvier
Tito De Pinho
Raphaël, Marius et Ondine